噩国六谈

上海博物馆 编

一个神秘古国的文化面孔

上海书画出版社

编者按：

噩国，在金文中写作"🻰"（噩），在传世文献中写作"鄂"。本书遵从作者行文习惯，未进行统一。

目　录

"鄂"名迷踪

湖北简称"鄂"，同时，鄂也是我国商周时期一个重要的诸侯国。它从哪里来，又往何处去？今之灵秀湖北，古为荆楚大地，人杰地灵，却为何简称"鄂"？其"鄂"名又从何而来？

陈丽新　张昌平

古鄂国
一个被遗忘了的"汉阳诸姬"之一

近年来一批姬姓鄂侯青铜器的发现，揭示很多重大的学术问题，将有助于我们重新认识汉阳区域的历史，基于对这一问题思考，古鄂国可能就是被遗忘的汉阳诸姬之一。

黄凤春

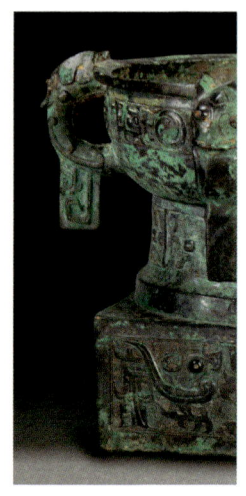

随州羊子山出土噩国铜器

随州居"荆豫要冲",扼"汉襄咽喉",为"鄂北重镇",其历史悠久,文化遗存丰富,有着深厚历史文化底蕴,在随州地区出土的噩国青铜器令人叹为观止!

王生慧　　063

南阳夏饷铺噩国墓地考古记

噩是一个历史悠久的先秦古国,2012年南阳夏饷铺噩国墓地的发掘,考古学者终于找到从西周晚期就不见历史文献、青铜器铭辞记载的噩国,为噩国研究提供了最新资料。

崔本信　　089

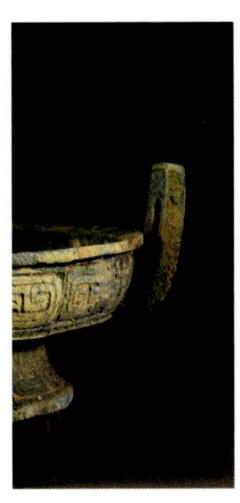

噩国铜器组合之变与周代铜礼器的统一

有关噩国重要的考古发现,已初步具备勾勒其铜器特点的条件。从噩国铜器组合的历史性变化进行观察,可以总结出噩国这样一个跌宕起伏、充满故事感国家的器用制度变迁。

常怀颖　　　　109

争与让
兼谈西周之周鄂关系

中国传统文化将争与让赋予了强烈的道德意义,其事关人格的培养,也事关社会关系的和谐。那么西周时代周鄂之争与让的史实,又能给今天的我们什么样的启示呢。

冯　时　　　　159

羉仲方鼎／西周早期
2007年安居羊子山4号墓出土

"鄂"名迷踪

陈丽新　湖北省文物考古研究所
张昌平　武汉大学长江文明考古研究院

说到"鄂",大家自然会想起今天的湖北省。湖北简称"鄂",同时,鄂也是我国商周时期一个重要的诸侯国。古之鄂国与今之湖北省的简称"鄂",的确有着千丝万缕的联系。

鄂出现的很早,在甲骨文、金文中写作"噩",传世文献中一般多作"鄂"。作为诸侯国的鄂,在史籍中的面貌并不清晰,它从哪里来,又往何处去?今之灵秀湖北,古为荆楚大地,人杰地灵,却为何简称"鄂"?其"鄂"名又从何而来?

史料的单薄缺失,曾让鄂与鄂国扑朔迷离。通过对甲骨文、金文、商周青铜器的研究,特别是有了一百年以来中国考古学的发现与研究,古老的鄂与鄂国神秘面纱逐渐被揭露开来,今日湖北的"鄂"名之由来,渐让世人知晓。

一

鄂在商代就已出现。近代甲骨文被发现后,学者在甲骨卜辞中发现有关鄂的记载多达五、六十条[1]。根据这些卜辞,可以知

图一 《殷契粹编》第470片

道鄂在商代就已经很重要了。《殷契粹编》第470片记"其尞于噩，叀大牢"(图一)，是说商王在鄂进行燎祭，并用了大牢之礼。燎祭和大牢之礼在商王朝被用来祭祀重要的人和事，是商代等级很高的祭祀之礼。这里所说的鄂，不一定是指诸侯国，更可能是地名。经李学勤考证，鄂作为商王朝的属地，在武丁时期就已经是商王经常田猎的地方了[2]。但是，不管是地名还是诸侯国，商王在鄂进行这样重要的祭祀活动，说明鄂在商王朝中的地位举足轻重。

传世文献表明，作为诸侯国的鄂至迟在商代晚期已经存在，而且地位很高。《战国策·赵策三》载鲁仲连曰："昔者，鬼侯之鄂侯、文王，纣之三公也，鬼侯有子而好，故入之于纣，纣以为恶，醢鬼侯。鄂侯争之急、辨之疾，故脯鄂侯。文王闻之，喟然而叹，故拘之于牖里之库，百日而欲舍之死。"这是见于文献最早的鄂国记录，类似的内容亦见于《史记·殷本纪》："(纣)以西伯昌、九侯、鄂侯为三公。九侯有好女，入之纣，九侯女不憙淫，纣怒，杀之而醢九侯。鄂侯争之强，辨之疾，并脯鄂侯。"

由此可见，商末纣王时，鄂侯已位列王朝三公之一，身份地位是很尊贵的，鄂立国则当在此之前。

商末鄂侯因为进谏被纣王所杀，鄂国可能也不复存在，鄂国的历史便不再见于史籍。然而，在铸有"噩"之铭文的西周青铜器于宋代被记录并流传下来，让今人看到，商末之鄂国可能被灭，但鄂并未在历史长河中湮没。

二

宋代是我国金石学兴起的朝代，大量商周时期的青铜器被考订和记录。这些青铜器可能并未都流传下来，但青铜器的图像，特别是其上的铭文徽记等内容却基本被保留至今，让人们可以通过这些金文材料了解到史书未曾记载的宝贵历史资料。不见于史书的商末之后的鄂的历史也正是通过这一途径得以窥见一斑。同时，近代以来不少带有"噩"铭的传世青铜器面世，加之新中国成立后各地博物馆在生产、生活中拣选、收购及受捐的"噩"铭青铜器，也大大地丰富了鄂国的历史文化。

▶ **安州六器**

北宋末年出土于安州（今湖北孝感地区）的"安州六器"，是最早发现的与鄂有关的有铭青铜器，让人从中探寻到了商亡周立后的鄂国踪迹。时人赵明诚《金石录》卷十三《安州所献六器铭》跋云："右六器铭，重和戊戌岁安州孝感县民耕地得之……凡方鼎三、圆鼎二、甗（甗）一。皆形制精妙，款识奇古。"这是最早有关这批器物的记录，"安州六器"也因之而得名。

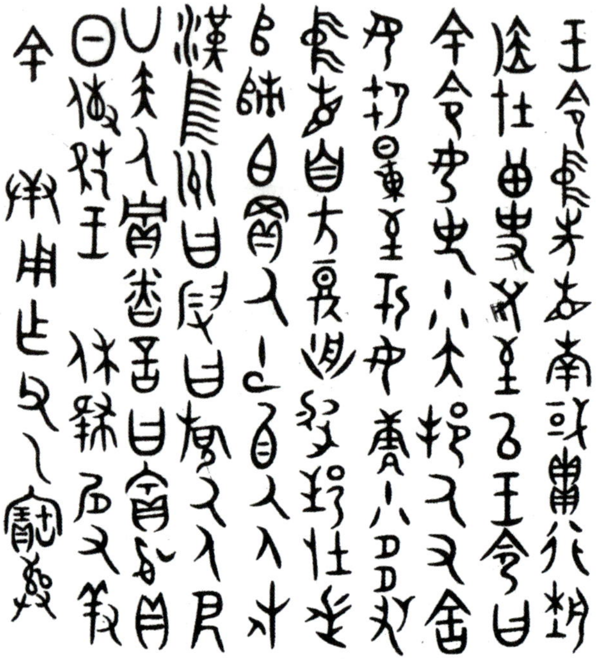

图二　中甗铭文摹本

其后，薛尚功《历代钟鼎彝器款识法帖》和王黼《博古图录》对此均有记载。前者较详细地著录了这批器物的铭文，其中中甗铭文涉及到了西周史上极为重要的周昭王南征事件（图二）。据铭文记载，昭王南征时，派中先行南下，所到之处有曾、鄂、唐、厉、夔、虎方等国和地域。关于这批器物的年代，学界基本认同为周昭王时期[3]。

中甗铭文不仅让昭王时期的青铜器自证了《史记·周本纪》所载昭王南征历史的真实性，而且是史书不见的商末周初鄂之信息的首次重现。

图三 禹鼎

▶ **禹鼎**

禹鼎是宋代金石学著作中著录的另一件重要的涉及鄂国历史的青铜器[4](图三)。鼎铭记述了有关鄂国的重要史料,宋及其后学人多有考订,但文字残损较多,颇难读通。1942年在今陕西岐山县任家村出土了一件同铭鼎,1951年由收藏人捐献给人民政府,现存陕西历史博物馆,徐中舒曾对该鼎铭文进行了详细考释[5](图四)。铭文清晰记载了西周鄂侯驭方率南淮夷、东夷反周,侵伐周之南国、东国,引起周王的极大震怒,遣主帅武公率西六师、殷八师讨伐之,并下令"伐噩侯驭方,勿遗寿幼",以彻底消灭鄂国。武公部将禹率领武公私属徒御一举攻下鄂都,

图四　禹鼎铭文拓片

俘虏了鄂侯驭方，因而作器铭功。铭文首先反映了西周时期鄂国应该是周王朝在南方的重要诸侯国，因鄂侯驭方既然能率"南淮尸（夷）、东淮尸（夷）广伐南或（国）、东或（国），至于历内"，就说明鄂国当处在与淮夷、东夷不远的周代南土。其次，铭文着重记述了由于鄂侯驭方的叛乱，导致周王痛下杀手，从而灭亡了鄂国之事。关于禹鼎的年代，今学界有孝王[6]、夷王[7]、厉王[8]时期的三种说法，今以西周中晚期之交较为被认可。

除了上述宋代记录的青铜器，近代以来，更多有关鄂国及鄂侯的铭文青铜器不断出现，让不见于史籍的鄂国历史面目逐渐清晰起来。

图五 噩侯驭方鼎

▶ 噩侯驭方鼎

噩侯驭方鼎是其中极为重要的一件研究鄂国历史地理及文化的青铜器（图五）。该器于上世纪前半叶即已面世，郭沫若等学者较早对其进行了研究[9]。新中国成立后，该器由收藏家陈大年捐献给上海博物馆[10]。鼎作圆形，平沿，立耳，深腹。颈饰一周顾龙纹，三足上部饰兽面纹，下端已显兽足之势。器内有铭

图六　噩侯驭方鼎铭文拓片

文 11 行 86 字（图六），记载了周王南征淮夷的角、鄬等地取得胜利后在坯地作短暂停留，鄂侯驭方专程觐见并纳献于周王，与王共同宴飨，品尝美食；共同进行射礼，行射击之乐。周王高兴之余赏赐鄂侯玉、马、箭矢等贵重物品；鄂侯为感谢天子的恩赐，专门作鼎以铭记此事，颂扬周王。铭文讲述了鄂侯朝奉拜见周王，周王赏赐鄂侯，不仅表明二者关系亲密友好，而且也反映出了鄂国彼时立国之处当为周王北归所经之地，应在周京宗周和成周以南。噩侯驭方鼎的年代，郭沫若、徐少华等认为是夷王时期[11]；徐中舒、陈佩芬等主张是厉王时期[12]；

图七　噩侯簋　　　　　　　　　　　图八　噩侯簋铭文拓片

唐兰则认为属穆王时期[13]。结合禹鼎铭文内容，学界一般认为当在夷王时。

▶ **噩侯簋**

台北故宫博物院收藏有三件噩侯簋，两器一盖。簋为子母口、鼓腹、圈足、两兽耳下有小珥，口沿下及圈足饰重环纹，腹饰瓦纹（图七）。器内底及盖内有铭文2行17字"噩侯乍王姞媵簋，王姞其万年子子孙永宝"（图八）。从器物形制及铭文辞例看，噩侯簋的年代应该在西周中期后，郭沫若定为周夷王时器，唐兰定为穆王时器。徐少华结合器形、铭文内容、西周时期周鄂关系等分析,认同属夷王时器[14]。噩侯簋铭文虽不长,却包涵了鄂国诸多极其重要的历史信息。首先从铭文内容可以知道这是鄂侯嫁女儿的陪嫁器物——媵器。媵器是两周时期贵族阶层为嫁女专门铸造的青铜器,常铸有铭文以标记其女所嫁夫君国别及女之父家姓。西周时期青铜器铭文中的"王"常指周王。因此,我们可以确定该器是鄂侯嫁女儿给周王的嫁妆。其次,铭文确切表明了鄂国族姓为姞姓。周代贵族实行严格的同姓不婚的婚姻制度,姬姓的周王只能娶姬姓以外氏族贵族的女子。周代姬姓与姞姓,世为婚姻,姞姓诸侯是周王室的重要通婚对象,故《左传》宣公三年(公元前606年)有云:"姬、姞耦,其子孙必藩。"这几件器物从另一个方面也反映了此时周鄂关系亲善。

20世纪50年代,上海博物馆收藏了多件鄂国有铭青铜器,主要有噩叔簋[15](图九、图一〇)、噩季奞父簋[16](图一一)、噩侯弟曆季卣[17](图一二)等。洛阳博物馆也收藏了一件噩侯弟曆季铭文簋[18](图一三、图一四),铭文与上海博物馆收藏的噩侯弟曆季卣完全相同。

▶ **噩叔簋和噩季奞父簋**

噩叔簋为四耳方座簋,铭文"噩叔作宝尊彝"(图九、图一〇),徐少华考证属周初周文化系统典型青铜器,年代在成王时或康王初年[19]。噩季奞父簋(图一一)器作敛口,深腹微鼓,圈足较直,两

图九　噩叔簋

图一〇　噩叔簋铭文拓片

图一一　噩季奞父簋

图一二　噩侯弟㡭季卣　　　图一三　噩侯弟㡭季簋　　　图一四　噩侯弟㡭季簋铭文拓片

兽首形耳。颈部饰一周细雷纹。铭文作"噩季奞父作宝尊彝"。徐少华讨论该簋年代在康、昭时期[20]。这两件鄂国青铜器在铭文上并无特别的内容,但根据其形制、铭文辞例,可确定无误为西周早期器,因此,两件青铜器最大的价值体现在其表明了周初鄂国的存在。商末鄂侯被纣王所杀,其国不知所终,但从今所见这些鄂铭青铜器,我们看到了商末周初鄂国是继续存在的,而且可能在周初即被周人重新分封为异姓诸侯国。

分别收藏于上海博物馆、洛阳博物馆的"噩侯弟㡭季"诸器,由于铭文相同,器物时代风格相近,学界基本认同皆为同人所作。这一观点被后来的考古发现完全证实,具体情况下文详述。

▶ **静方鼎**

近年来,在流散海外的中国青铜器中也有几件重要的关联鄂国的器物。1996年首次批露的日本出光美术馆收藏的静方鼎,是研究周昭王南征和鄂国历史的重要资料(图一五、图一六)。李学勤[21]、徐天进[22]等对该鼎进行过讨论和观摩。鼎铭记录了周

图一五　静方鼎

图一六　静方鼎铭文拓片

昭王南征前命师中和静省南国，设置行宫，任务完成后回到成周，周王又再次让静去管理曾、鄂两地的军队，即铭文所曰"在噩、曾师"。静方鼎铭文可与"安州六器"之中瓶铭文相印证，不仅是周昭王南征史事又一实证，而且其重要性也体现在鄂与曾国之间的关系。

根据铭文我们知道昭王命静去管理驻扎在鄂、曾两国（地）的周朝军队，那么可以推测，鄂、曾两地应该相距不远。而这一历史地理关系已完全被今天的考古发现所证实，详情待后文论述。

▶ 疑尊和疑卣

2011年初，在法国某博物馆展出了一组其上铭文涉及鄂国重要历史的精美青铜器——疑尊和疑卣（图一七、图一八）。尊卣是周初十分固定的、且多出于高等级贵族墓葬的酒器组合，一般是一尊配一卣，也有一尊配二卣的。尊卣虽器形不同，但如果为同人作器，往往都是铭文、器物装饰风格相同。如果是一尊配二卣，则二卣基本都是器形、纹饰、铭文相同，体量一大一小。疑尊、疑卣一经面世，立刻引起了学界的关注，董珊很快对其铭文和年代进行了考释和讨论[23]。两器铭文内容、行款相同，均为45个字（图一九），其主要意思是：仲义父送鄂侯到盩城这个地方为君，并赠送宋伯"臣"等礼物。公姒令疑在侃这个地方去迎接仲义父。丁卯，疑完成任务后回来向公姒报告，公姒以贝赏赐疑，疑为颂扬皇君（公姒）美好的恩赐，专门作了祭祀父乙的一尊一卣，以示纪念。关于这组器物的年代，董珊考证应为西周成王时。铭文主要讲述了两件重要事情，

图一七　疑卣

图一八　疑尊

图一九　疑尊铭文

一为仲義父送鄂侯到盩城这个地方为君，一为其赠送宋伯礼物。如果结合器物年代，同时考虑到前文不断强调的商代重要的诸侯国鄂国在商末灭亡后，其踪影几乎不再见于史籍，今人关于它的讨论，主要依赖于传世及近代流传的涉及鄂国的带铭青铜器的现状，我们就知道这一组器物对于研究周初鄂国的历史有多么重要。

自宋至近代以来，通过铭文了解鄂国历史的青铜器主要属于西周中晚期，反映的鄂国历史比较清晰的也主要是这一阶段的。我们通过自铭的、属西周早期的鄂国青铜器知道了鄂在周初依然存在，然而周初鄂国的变迁，及作为周王朝诸侯国其地望在哪，却是鄂叔簋、鄂季奞父簋等器无法回答的。尽管下文将讨论的鄂国考古发现基本厘清了西周早期鄂国的地望，但是，近年来新出现的这几件收藏于国内外博物馆，其中可能有早到周初成王时期的鄂国青铜器，是补充商末周初鄂国历史的非常重要的资料。

▶ 噩监簋

2013年中国国家博物馆入藏了一件噩监簋[24]（图二〇），为目前所见有关鄂国的最新青铜器资料。此器是周王朝设置在鄂国的监国之官为祭祀其父辛所作之器，通高17.6厘米、口径15.5厘米，弇口，圆鼓腹较深，腹部两侧有兔首鋬形耳，下有方钩状珥，圜底，圈足微斜直内收；盖面隆起，盖顶有圈足状捉手，上有一对穿孔。盖面和口沿下饰一周细密的菱格纹，前后各置一浮雕小貘首。盖内和器内底对铭各7字"噩（鄂）监乍（作）父辛宝彝"（图二一）。从器形特征判断该器年代约在成王时期。

图二〇　噩监簋

图二一　噩监簋器铭文拓片

这件簋进一步说明了周初作为诸侯国的鄂国是真实存在的,周王朝根据统治需要在鄂国设置监管官员当是在情理之中。

三

基于上述有关鄂国的青铜器和金文资料,同时结合历史文献中涉及鄂的零星记载和历史地理资料,在鄂国考古发现之前,学术界对鄂国的历史文化进行了长时间的研究和讨论。尽管在某些具体细节上比如鄂国的地望等等,可能一直争讼不休且无定论,但关于鄂国的发展脉络和历史面貌已有了一个基本的轮廓。

鄂国为姞姓。姞属黄帝十二姓之一,姞姓诸侯,史载还有南燕国和密须国,这些先秦姞姓诸侯国基本上都位于黄河流域,地望大致不出今天的甘肃省东部、陕西西部的泾渭流域以及山西汾河流域一带[25]。梳理历史文献及相关历史地理资料表明,商代鄂人立国之地可能在今山西省乡宁县境内[26]。大约在商代武丁时或稍前,鄂国已迁至今河南沁阳附近地带[27]。《战国策》《史记》等所载"纣之三公"且被商纣王所杀的鄂侯，当是沁阳之鄂国的国君。

鄂侯被纣王诛杀后，"同命相怜"让周与鄂之关系势必更加紧密。武王伐纣时，鄂国是否参加了周国的同盟军不得而知，但是通过青铜器资料我们知道周初鄂国已是周王朝分封的诸侯国。而且，可能还被周委以重任，迁至周之南土。在西周晚期之前，周、鄂的关系都是甚为亲密的。噩侯驭方鼎以鄂侯自己的口吻，铭记宣扬了鄂对周的忠诚和与周的友好。世事无常，人情瞬变，几乎与噩侯驭方鼎同时期的禹鼎，却是周人宣告周对背叛者的深恶痛绝、严惩不贷。正是鄂侯驭方与周王推杯换盏、把手言欢后，转背却联合南淮夷、东夷反叛周王朝，终招至周王痛恨至极，恨不得倾周师全力，大兵压鄂境，以"伐噩侯驭方"，且要求对其"勿遗寿幼"。自禹鼎在北宋出现，其后世人都相信姞姓的鄂国在西周晚期是被彻底消灭了。

周初鄂国在周之南土，这是大家公认的事实。但是，在南土的什么地方呢？由于各方面资料对此均无记述，西周时期鄂国的地望一直悬而未决，而且成为西周政治地理研究中的难点和热点问题。学术界关于西周鄂国地望，长期存在着"东鄂说"和"西鄂说"。

东鄂说认为西周鄂国在今湖北鄂州一带，以王国维、陈梦家、殷崇浩、陈佩芬、刘翔、张正明、罗运环等学者为代表。近代学者中，以王国维最早主张东鄂说[28]。陈梦家在《西周铜器断代》一文中亦论及鄂的位置，他根据上海博物馆所藏"噩叔簋""噩侯弟厔季卣""噩侯弟厔季簋"的出土地——武昌，认为西周时期鄂国的地望在东鄂[29]。西鄂说则认为西周鄂国在今南阳盆地的汉代西鄂县故城一带。以徐中舒、马承源、张剑、黄胜璋、徐少华等学者为代表。

上世纪50年代，徐中舒在系统研究禹鼎铭文时，提出西周鄂国的地望应如《楚世家》正义所说，位于南阳盆地内的西鄂故城[30]。其后马承源[31]、张剑[32]、黄盛璋[33]等俱认为禹鼎记载的鄂在今南阳市北。全90年代，徐少华基于对与鄂国相关的青铜器的推断和解读，对整个鄂国的历史与地望进行了详细的论述，亦认为西鄂说为是[34]。

东鄂说与西鄂说关于西周时期鄂国的地望，主要依据有限的传世文献和青铜器资料，都有自己的理论依据与支撑，同时各自也存在无法令对方完全信服的证据链的短板，多年来，二者意见甚难趋于一致。终于，到了本世纪，由于田野考古发掘，西周鄂国地望研究的僵局得以打破。甚至于，西周晚期鄂国被灭之后，鄂国遗民去哪了？难道周人对鄂人真的是"寿幼勿遗"了吗？东周时期楚国又何来鄂君？今之湖北的鄂州和湖北简称鄂是怎么回事？等等这一系列的疑问，也因为今天湖北随州、河南南阳等地的重要考古发现，继而结合历史文献分析，迎来了破冰之时。

四

2007年在今湖北省随州市安居镇羊子山发现了一座西周早期贵族墓葬（编号羊子山M4），出土青铜（容）器20件，分别有方鼎2、圆鼎1、甗1、簋3、爵3、罍1、觯1、卣2、觚形尊2、方彝1、圆彝1、盘1、盉1[35]。这批器物时代风格一致，年代特征明确，属较典型西周早期青铜器，因此墓葬年代当在西周早期[36]。M4青铜器大多有铭文、族徽，除"🅡"甗、"子"觯为徽记铭文之外，其他绝大多数为带有鄂国标识的铭文，其中又以鄂侯所作为最多。报道所见铭文，方彝为"噩侯作厥宝尊彝"，方鼎铭文为"噩

图二二　羊子山 M4 噩侯神面纹尊

仲作宝尊彝",卣、圆罍、盘等器铭文均为"噩侯作旅彝",其中卣与圆罍铭文行款、字形完全相同,当为同时所作之器。在西周早期青铜器铭文中,国君称谓之后不带私名是常见现象。这批鄂侯青铜器年代相同,铭文风格一致,所以鄂侯所指应是同一人。方鼎铭文"噩仲"有可能是该鄂侯即位之前的称谓,也可能是鄂国公族成员。因此,羊子山 M4 青铜器铭文指代的器主身份比较一致,该墓应该属于一位西周早期的鄂侯[37]。另外,如果从墓

图二三　羊子山M4噩侯神面纹卣　　　图二四　羊子山M4噩侯神面纹方罍

葬青铜器器用和组合来看，M4随葬有酒器爵、觯、斝、尊、卣、罍；食器鼎、簋、甗；水器盘、盉等，酒、食、水器均有，器用完备；各类器组合器种丰富齐全。同时，墓葬还随葬了方形的食、酒器鼎、罍等，其中方罍为神面纹罍；等级较高的酒器组合尊卣有一尊二卣两套，其中一套神面纹尊卣，纹饰形状、风格均与方罍相同。这四件神面纹青铜器，纹饰奇特诡谲，是田野考古出土青铜器中的首次发现（图二二~二四）。M4青铜礼器器用是西周早期除带青铜乐器编钟之外的最高等级器用，也是西周早期诸侯国国君墓葬中常见的器用，因此，这进一步证明了M4当为鄂侯墓葬。

随州羊子山发现鄂国青铜器，这并不是第一次。上世纪70年代当地农民在生产中发现了4件西周早期青铜器，其中一件尊有铭文"噩侯弟厝季作旅彝"[38]。尊广口、长颈、腹微鼓、圈足，器身饰四道、圈足饰一道弦纹，较为特别的是器身一侧有一兽首鋬，兽尾上卷。前文已提及，上世纪五、六十年代上海博物馆曾收集到一件相同铭文的卣，从形制看似为觯[39]。该器通高21.8厘米、口纵11.3厘米、口横13.8厘米。器形较为特殊，整器扁圆形，带设圈足状捉手盖，颈部有两相对半环状小钮，马承源谓之"二系"，无梁，腹一侧有一兽首形鋬。全器光素，仅在盖沿、颈腹交接处、圈足部有二、三道弦纹。加上洛阳市博物馆收集的同铭簋，这三件青铜器学界认同为同人所作，属同一组礼器，特别是尊、觯不仅铭文全同，而且装饰风格也完全相同，三器器主即鄂侯之弟历季。

1980年羊子山又发现了西周青铜器，出自一座墓葬，当地文物部门进行了清理，编号羊子山M1。墓葬出土青铜器18件，其中容器7件，鼎1、簋1、爵1、觯1、尊1、卣2（图二五）。除爵有"戈父辛"、觯有"子父癸"铭文外，其他器物均无铭文。器物整体呈现典型西周早期偏晚或早中之际的时代特征，然部分器物亦有较特别之处，如簋敛口、圆鼓腹较深，器盖盖面近边缘有二相对小半环钮。墓葬出土一尊二卣，卣一大一小，尊卣虽均无铭文，但装饰风格完全相同，可以看出应为同人之器。

随州羊子山出土的这些青铜器，特别是2007年发现的鄂侯

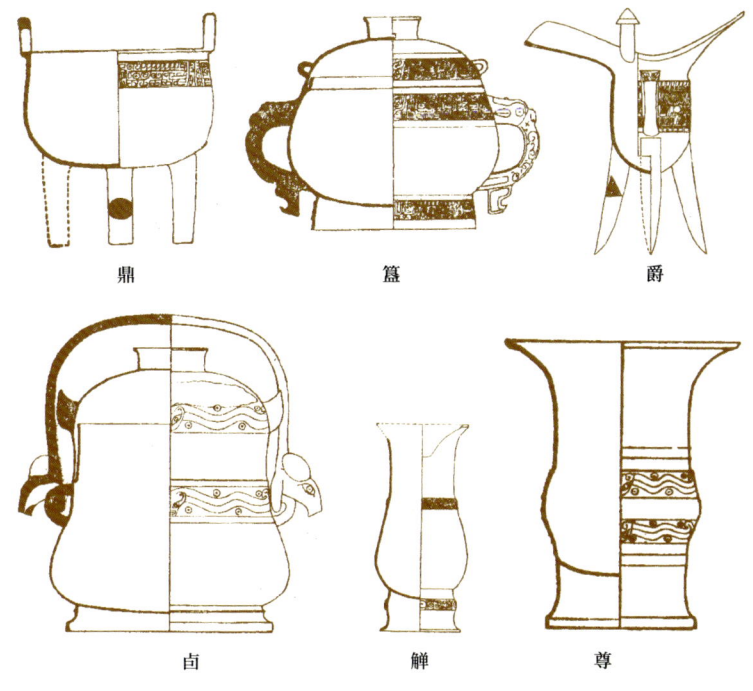

图二五　1980 羊子山 M1 出土青铜器

青铜器群，完全证实了该地应为西周早期鄂国的贵族墓地，由此也说明了西周早期鄂国都城当在今随州安居一带(图二六)。诸多学者根据这些出土和考古发现的材料，同时结合传世文献及以往的学术研究成果，重新讨论了西周时期鄂国的地望，共同认为西周晚期鄂侯驭方被灭之前的鄂国就在今随州境内[40]。

2012年为配合南水北调工程，在河南省南阳市东北的夏饷铺村发现了两周之际到春秋早期的鄂国贵族墓地，这是有关鄂国的又一次重大考古发现。墓地位于夏饷铺村北、白河东岸的一道

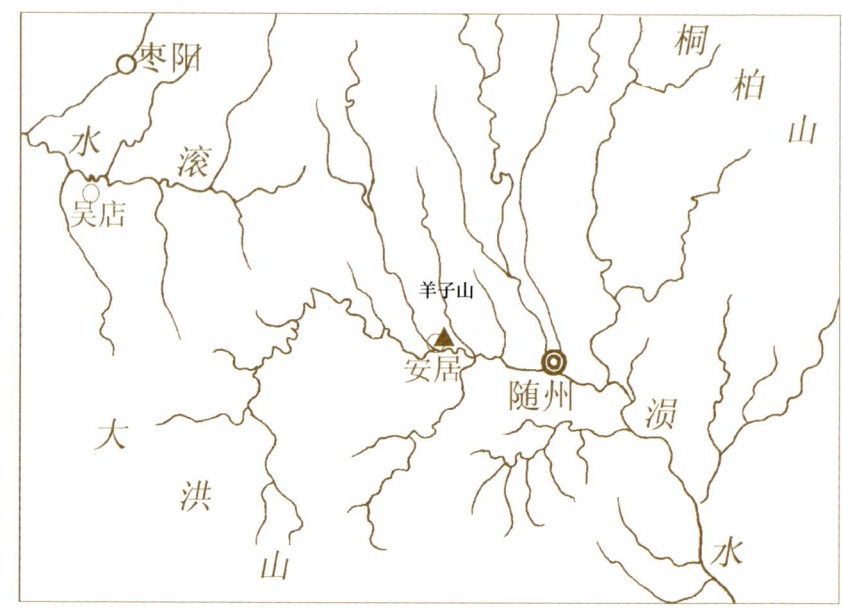

图二六　羊子山墓地位置示意图

南北向的高岗上，共清理墓葬80多座。其中位于地势较高的墓地中部，自东往西排列的M6与M5、M19与M20、M7与M16为三组夫妻并穴合葬墓，根据墓葬规模、随葬青铜器及铭文等可知它们为鄂侯及其夫人墓，而且是鄂侯墓葬在东、夫人墓葬在西（图二七、图二八）。位于最西边的M1为单独的鄂侯夫人墓，其与M16之间间距较大，可能是为M1鄂侯夫人的丈夫——鄂侯预留的墓位。发掘者将这四组墓葬的年代分别定为西周晚期、春秋早期早段、春秋早期中段、春秋早期晚段，其中M6与M5为最早一组，M1年代最晚（图二九）。并进而认为"南阳夏饷铺噩国墓地的发现证明西周晚期噩国并没有被彻底灭亡，而是被迁徙到南阳

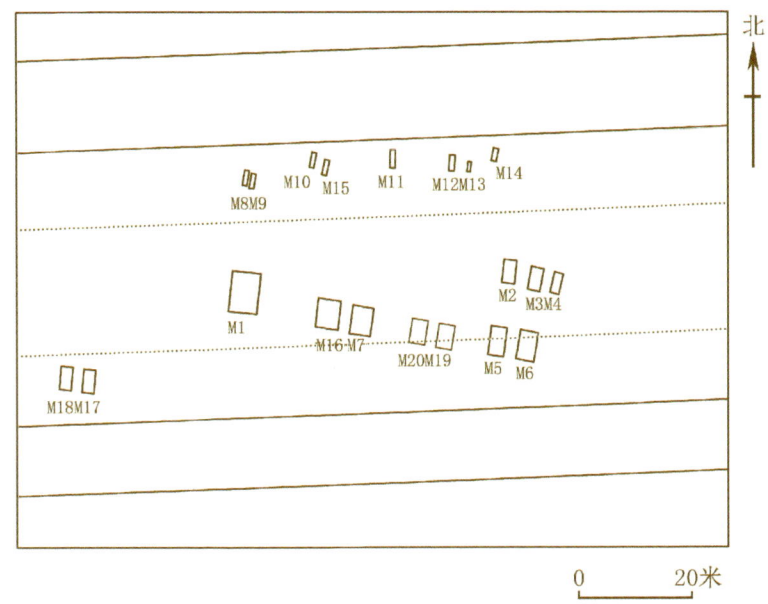

图二七　夏饷铺鄂国墓地墓葬分布图

盆地",即南阳的鄂国是西周时期随州鄂国的延续[41]。夏饷铺鄂国墓地对于西周晚期到春秋早期的鄂国研究是一个重大的突破,此前学界一般根据禹鼎铭文等资料认为鄂国在西周晚期时已被周所灭,但夏饷铺鄂国墓地却表明,鄂侯驭方因叛乱被周王剿灭后,鄂国却并未灭亡,而是从随州迁至南阳地区安置下来,直至春秋早期楚文王灭申设县以后,鄂国才可能被楚彻底地消灭了[42]。

南阳夏饷铺鄂国墓地的发现,向前可串连起西周晚期鄂侯驭方被灭之后的鄂国历史,往后也为史书所载战国时期楚设鄂君和汉代南阳西鄂县的来源找到了较为可靠的考古依据。

图二八　夏饷铺 M16 鄂侯夫人墓椁室全景

图二九　夏饷铺 M1 鄂侯夫人墓出土青铜礼器（该墓曾被盗）

五

安居镇位于涢水北岸，东距随州市区20公里。在羊子山墓地明确为西周早期鄂国墓地之前，过去在这一地区发现的周代遗存基本都只属于曾国，如当年发现时是在随州市郊（今已成为城区）的曾侯乙墓所在的擂鼓墩曾国墓群、义地岗曾国墓群等等，甚至上世纪80年代在安居的徐家嘴发现的曾都尹定墓葬。但是这些曾国的遗存年代几乎都属两周之际和东周时期。今见羊子山墓地出土的青铜器，特别是明确为鄂侯墓的M4所出青铜器，大部分属西周早期时的器物，因此学界一般认为墓地年代在西周早期。但是，由于羊子山墓地并未通过田野考古全面揭露，因此其年代下限不得而知。不过，我们通过羊子山M1出土的尊卣等器物可以看出，其年代可能已到西周早中期之际。从禹鼎记载可知，西周夷王或厉王时，鄂国被灭，因此，有学者提出鄂国在西周晚期灭亡后，其所辖区域尽归姬姓的曾国所有，曾国可能是接替鄂国成为周王朝新的镇守南土的诸侯国。

然而，2011年发现的随州叶家山西周早期曾国墓地，让大家看到了一个全新的随州地区西周早期的政治地理格局。叶家山墓地位于随州市区东北部约20公里的淅河镇，年代属性十分明确，为西周早期姬姓曾国高等级贵族墓地，至少埋葬有三位西周早期的曾侯及其夫人[43]。今随枣走廊发现的西周晚期到东周时期的曾国即是叶家山墓地所属曾国的延续。传世曾国青铜器及现代曾国考古发现让人相信，周初周人分封姬姓曾国在今随枣走廊一带，是具有明确的政治战略意图的，"君庇淮夷，临有江夏"[44]，"抑燮繁阳，金道锡行"[45]。

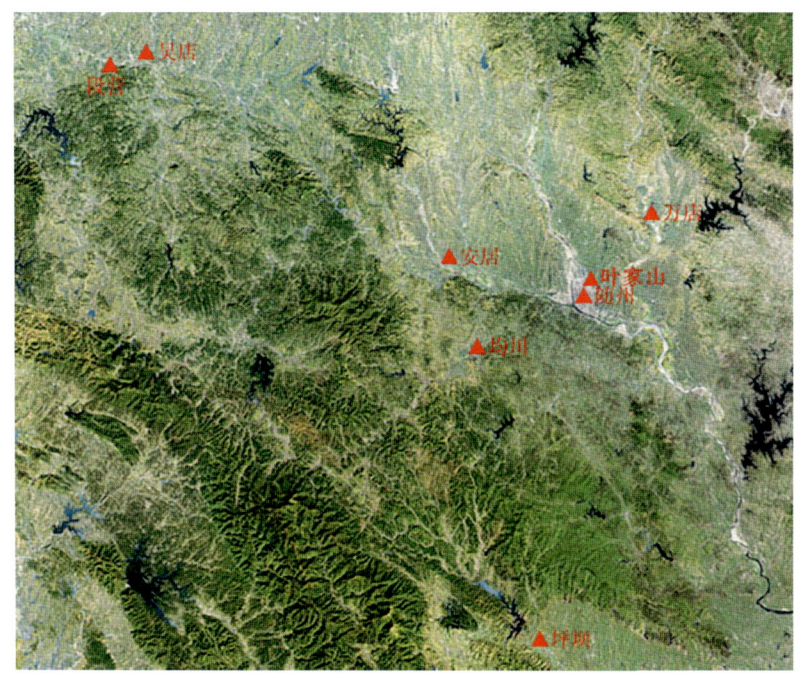

图三〇　鄂国、曾国青铜器出土地点

　　根据迄今考古发现，我们可以确定，西周早中期的姞姓噩国在今随州安居镇一带，与淅河镇叶家山的姬姓曾国毗邻而居（图三〇）。周初姞姓鄂国被分封在今随州地区，作为"以藩屏周"的诸侯国之一是否也承担了与曾国一样的任务，由于资料的缺乏，我们无从知道。不过，我们可以大胆推测，作为殷遗民的噩国在为周王朝服务的同时势必始终会被周人防范监管。噩监簋的出现说明了这一可能性是存在的。姬姓曾国分封在鄂国的东侧，也可能兼有监控鄂国的目的，鄂、曾的关系正如周王朝东土之齐与鲁。

　　同为周初分封在周之南土的重要诸侯国，鄂和曾在今随枣走廊的发展却并不相同。曾国一直扎根于这一地区直至战国中期，而鄂由于鄂侯驭方利令智昏，竟冒天下之大不韪率南淮夷、东夷叛周而被灭国，终至西周晚期在随枣走廊完全销声匿迹。这一点也被今天的考古发现所证实，今随州往西到安居，安居往南到均水流域的熊家老湾，往北到溠水沿岸的桃花坡，安居再往西到今滚河流域的枣阳吴店，发现的西周晚期至春秋时期的周代遗存均是曾国遗存。

南阳夏饷铺鄂国墓地让人一改过去鄂灭于西周晚期后即消亡的认识，而看到了西周晚期到春秋早期鄂国出现在今南阳盆地。不过，夏饷铺鄂国墓地出土青铜器及墓地诸多不同于随州鄂国的文化特征，也引起了学界的关注。其中，最直接的例证是M19鄂侯墓随葬1件青铜圆壶（M19:10），盖口外侧边缘有铭文"噩侯作孟姬媵壶"。根据铭文内容，前文也简略介绍了何谓两周青铜媵器，可以判定该壶是鄂侯为其长女"孟姬"所作陪嫁用器。孟姬所嫁夫家氏名在壶铭中省略，壶铭明确表明了此鄂侯为姬姓。因此，有学者推测南阳夏饷铺鄂国墓地代表的鄂国非西周晚期从随州迁来的姞姓鄂国，而是西周晚期周王消灭鄂侯驭方后，将鄂国遗民内迁到南阳盆地，重新分封姬姓贵族加以镇抚而建立的姬姓鄂国，是周代封国"异姓同名"现象的又一例证。

传世文献记载，西周晚期周王朝将姜姓西申的一支迁封至南阳盆地。上世纪80年代在南阳盆地发现了一批申国青铜器，其中多件作器者为"南申伯大宰中冉父"[46]，具体出土地点位于今南阳市北古宛城一带，与今夏饷铺鄂国墓地隔白河相望，因此可知这一时期申、鄂为唇齿相依的邻国。

春秋早期随着楚国势力不断强大并逐渐北上，周人在南阳盆地的许多同姓和异姓的诸侯国被楚所灭，《左传》对此多有记载。杜预曾作注"楚文王灭申、息以为县"。[47]学者们多认为楚文王灭申置县是在公元前688年或稍后几年时间里，楚灭申等国之时，顺势灭掉仅一河之隔的姬姓鄂国是不无可能的，因此，鄂国可能就在春秋早期晚段为楚所灭。联系到夏饷铺墓地最后一位鄂侯夫人墓M1的年代在春秋早期晚段，而其丈夫鄂侯却没有葬入该墓地，可以推测，可能就是这位姬姓鄂侯还未曾去世，鄂国就已被楚国所灭吧。根据楚灭申、息以为县的做派，楚在灭亡鄂国的同时亦设鄂县是完全有可能的。文献对此没有明确记载，不过，上世纪发现的属战国晚期的《鄂君启节》之鄂君，经学者们长期的研究，认为当是楚国设在南阳盆地的鄂县县令，亦称鄂君，这也是汉书所记位于南阳盆地的西鄂县[48]。

综上，鄂在商代就存在，最早活动于黄河中游地区的山西乡宁一带，可能在立国后迁至河南沁阳附近。商末鄂侯因被纣王所杀，故而与同为纣之三公、亦被纣王迫害的的周文王交好，并在周灭商后得到周人的分封，成为镇守南土的诸侯国之一。疑尊、疑卣对此言之凿凿，铭文"于入噩侯于鳌城"之"鳌城"可能就是今之随州安居一带。西周早期的羊子山鄂国墓地、叶家山曾国墓地的考古发现可以证实这一点。西周中晚期之前的鄂国一直与周人关系友好密切，是周人重要的联姻之国，对此噩侯簋、噩侯驭方鼎都宣示得非常明了。然而到了西周中晚期之交的夷厉时候，志得意满到忘乎所以的鄂侯驭方却与南淮夷、东夷勾结，发动反周叛乱，终招至杀身之祸，周人所作禹鼎对此措辞愤怒激烈至曰：周王下令灭鄂，"勿遗寿幼"。今随枣走廊考古发现的西周晚期到春秋早期的周代遗存完全属于曾国而无毫厘涉及鄂国，是对这一历史进程的最好注解。过去以为鄂国当因这次叛乱而被周王朝彻底剿灭，但是南阳夏饷铺西周晚期到春秋早期鄂国墓地的发现使我们了解到历史的真容可能更为扑朔神秘，我们可以想象，有"绥万邦，屡丰年"（《诗经·周颂·桓》）天命的周武王后代周天子，当有"普天之下莫非王土，率土之滨莫非王臣"的气慨与胸襟，在诛杀鄂侯驭方后并未迁怒无辜至"勿遗寿幼"，而是将亡国之遗民迁至南阳盆地并交付与姬姓诸侯统领，重新繁衍生息。这一时期的鄂国与申、吕等母舅之国同在南阳盆地，一衣带水，大约历时一百余年，最终为楚所灭。

上述鄂国史迹的梳理使我们对姞姓和姬姓的鄂国有了较为明确的了解，也为理解春秋早期以后楚之鄂君奠定了基础。汉代南阳西鄂县当是楚灭鄂后在此设鄂县的继续，而且是汉人为了区别战国晚期楚迁鄂君至今湖北鄂州而形成的"东鄂"对其的命名。关于西鄂、东鄂，学者早已指出它们不是并时共存而是异时相承的关系[49]。由《鄂君启节》可知，楚怀王六年（公元前323年）鄂君犹在南阳西鄂。楚怀王晚期，楚国国势急衰。公元前312年的秦楚丹阳之战，楚国大败。此后楚国在南阳盆地连遭惨败，楚怀王二十八年（公元前301年），秦国与齐国、韩国、魏国共同伐楚，楚国大败于垂沙，楚国的北面防线至此全部丧失[50]。学者据此推测，在此情形下，原居南阳鄂地的鄂君被迫迁徙至江南的今鄂州一带。迁徙之后的封君仍称鄂君，新封地仍称鄂，地随人迁，从而形成后世的东鄂之地[51]。今鄂州地域因鄂之地名迁至后，汉设鄂县，史书多谓之东鄂（南阳之鄂则为西鄂县），三国时孙权改鄂县为武昌，西晋统一后复置鄂县，南朝时为分荆之势，于夏口城置郢州，隋开皇九年（589）隋灭陈后整理全国政区，改郢州为鄂州[52]，自此"鄂州"之名在今武汉、鄂城一带稳定下来，并在以后的历史时期发展成为湖北的简称——鄂[53]。

注 解

[1] 刘亚星：《鄂国历史地理研究——以考古材料为中心》，郑州大学专业硕士学位论文，2015年5月。
[2] 李学勤：《殷代地理简论》，科学出版社，1959年，第24页。
[3] 唐兰：《论周昭王时代的青铜器铭刻》，《古文字研究》第二辑，中华书局，1981年；杨宝成主编、黄锡全副主编：《湖北考古发现与研究》，武汉大学出版社，1995年，第105页。
[4] 【宋】王俅：《啸堂集古录》，中华书局，1985年。
[5] 徐中舒：《禹鼎的年代及相关问题》，《考古学报》1959年第3期。
[3] 唐兰：《西周青铜器铭文分代史徵》，中华书局，1986年。
[7] 郭沫若：《两周金文辞大系》考108，科学出版社，1957年；刘翔：《周夷王经营南淮夷及其与鄂之关系》，《江汉考古》1983年第3期；徐少华：《鄂国铜器及其历史地理综考》，《考古与文物》1994年第2期。
[8] 徐中舒：《禹鼎的年代及其相关问题》，《考古学报》1959年第3期。
[9] 郭沫若：《两周金文辞大系》考107，科学出版社，1957年。
[10] 陈佩芬：《上海博物馆新收集的西周青铜器》，《文物》1981年第9期。
[11] 郭沫若：《两周金文辞大系》考107，科学出版社，1957年；徐少华：《鄂国铜器及其历史地理综考》，《考古与文物》1994年第2期。
[12] 徐中舒：《禹鼎的年代及其相关问题》，《考古学报》1959年第3期；陈佩芬：《上海博物馆新收集的西周青铜器》，《文物》1981年第9期。
[13] 唐兰：《西周青铜器铭文分代史徵》附件一：穆王时器，中华书局，1986年。
[14] 徐少华：《周代南土历史地理与文化》，武汉大学出版社，1988年，第24页。
[15] 上海市文物保管委员会：《近年来上海市从废铜中抢救出的重要文物》，《文物》1959年第10期。
[16] 马承源：《记上海博物馆新收集的青铜器》，《文物》1964年第7期。
[17] 马承源：《记上海博物馆新收集的青铜器》，《文物》1964年第7期。
[18] 张剑：《洛阳市博物馆馆藏的几件青铜器》，《文物资料丛刊》（3）。
[19] 徐少华：《周代南土历史地理与文化》，武汉大学出版社，1988年，第21页。
[20] 徐少华：《周代南土历史地理与文化》，武汉大学出版社，1988年，第22页。
[21] 李学勤：《静方鼎与周昭王历日》，《光明日报》1997年12月23日。
[22] 徐天进：《日本出光美术馆收藏的静方鼎》，《文物》1998年第5期。
[23] 董珊：《疑尊、疑卣考释》，《中国国家博物馆馆刊》2012年第9期。
[24] 田率：《新见鄂监簋与西周监国制度》，《江汉考古》2015年第1期。
[25] 刘亚星：《鄂国历史地理研究——以考古材料为中心的探讨》，郑州大学专业硕士学位论文，2015年，第15页。
[26] 尹弘兵：《鄂与鄂州概述》，湖北省社会科学院楚文化研究所编《鄂·楚与鄂州》，华中科技大学出版社，2018年。

[27] 李学勤：《殷代地理简论》，科学出版社，1959年；徐少华：《周代南土历史地理与文化》，武汉大学出版社，1994年，第20页；徐少华：《鄂国铜器及其历史地理综考》，《考古与文物》1994年第2期。
[28] 王国维：《观堂集林》第三册，中华书局，1959年，第890—891页。
[29] 陈梦家：《西周铜器断代》，中华书局，2004年，第70—72页。
[30] 徐中舒：《禹鼎的年代及其相关问题》，《考古学报》1959年第3期。
[31] 马承源：《记上海博物馆新收集的青铜器》，《文物》1964年第7期。
[32] 张剑：《洛阳市博物馆馆藏的几件青铜器》，《文物资料丛刊》第3辑，文物出版社，1980。
[33] 黄盛璋：《朴君述鼎国别、年代及其相关问题》，《江汉考古》1987年第1期。
[34] 徐少华：《周代南土历史地理与文化》，武汉大学出版社，1994年；徐少华：《鄂国铜器及其历史地理综考》，《考古与文物》1994年第2期。
[35] 随州市博物馆：《随州出土文物精粹》，文物出版社，2009年。今据随州市博物馆同仁告知，实为27件。
[36] 张昌平：《论随州羊子山新出噩国青铜器》，《文物》2011年第11期。
[37] 张昌平：《论随州羊子山新出噩国青铜器》，《文物》2011年第11期。
[38] 随州市博物馆：《湖北随县发现商周青铜器》，《考古》1984年第6期。
[39] 张昌平：《论随州羊子山新出噩国青铜器》，《文物》2011年第11期。
[40] 张昌平：《论随州羊子山新出噩国青铜器》，《文物》2011年第11期；朱继平：《考古所见楚对鄂东铜矿的争夺与控制》，《中国历史文物》2010年第6期；傅钥、高旭旌：《从羊子山M4青铜器群看西周鄂国的地望》，楚文化研究会编《楚文化研究论集》第九集，上海古籍出版社，2011年。
[41] 崔本信、王伟：《南水北调中线工程南阳夏饷铺鄂国贵族墓地发掘成果》，《中国文物报》2013年1月4日第8版；河南省文物局南水北调办公室、南阳市文物考古研究所：《河南南阳夏饷铺鄂国墓地M19、M20发掘简报》《河南南阳夏饷铺鄂国墓地M7、M16发掘简报》《河南南阳夏饷铺鄂国墓地M1发掘简报》，均见《江汉考古》2019年第4期；河南省文物局南水北调办公室、南阳市文物考古研究所：《河南南阳夏饷铺鄂国墓地M5、M6发掘简报》，《江汉考古》2020年第3期。
[42] 尹弘兵：《鄂与鄂州概述》，《鄂·楚·鄂州》，华中科技大学出版社，2018年；黄尚明：《从考古新材料看鄂国的历史变迁》，《华中师范大学学报》（人文社会科学版）2015年第1期。
[43] 湖北省文物考古研究所、随州市博物馆：《湖北随州市叶家山西周墓地》，《考古》2012年第7期；湖北省文物考古研究所、随州市博物馆：《湖北随州叶家山M65发掘简报》，《江汉考古》2011年第3期；湖北省文物考古研究所、随州市博物馆：《湖北随州叶家山西周墓地发掘简报》，《文物》2011年第11期；湖北省文物考古研究所、随州市博物馆：《湖北随州叶家山M28发掘简报》，《江汉考古》2013年第4期；湖北省文物考古研究所、随州市博物馆：

《湖北随州叶家山 M111 发掘简报》，《江汉考古》2020 年第 2 期；湖北省文物考古研究所、随州市博物馆、出土文献与中国古代文明研究协同创新中心：《湖北随州叶家山 M107 发掘简报》，《江汉考古》2016 年第 3 期；湖北省博物馆、湖北省文物考古研究所、随州市博物馆：《随州叶家山——西周早期曾国墓地》，文物出版社，2013 年。

[44] 李学勤：《曾侯與编钟铭文前半释读》，《江汉考古》2014 年第 4 期；《正月曾侯與编钟铭文前半详解》，《中原文化研究》2015 年第 4 期。

[45] 方勤：《曾国历史与文化——从"左右文武"到"左右楚王"》，上海古籍出版社，2018 年，第 172～184 页。

[46] 崔庆明：《南阳市北郊出土一批申国青铜器》，《中原文物》1984 年第 4 期。

[47] 杨伯峻：《春秋左传注（修订本）》，中华书局，1986 年，第 169、209、1708 页。

[48] 陈伟：《〈鄂君启节〉之"鄂"地探讨》，《江汉考古》1986 年第 2 期；晏昌贵、郭涛：《〈鄂君启节〉铭文地理研究二题》，《华北水利水电学院学报》2012 年第 5 期。

[49] 张正明：《楚史》，湖北教育出版社，1995 年，第 45 页。

[50] 徐少华：《周代南土历史地理与文化》，武汉大学出版社，1994 年，第 346 页。

[51] 朱继平：《"鄂王城"考》，《中国历史文物》2006 年第 5 期。

[52] 《隋书》卷 31《地理志下》，中华书局，1973 年，第 894 页。

[53] 罗运环：《湖北简称"鄂"研究》，《人文论丛》2010 卷。

䚄侯壶 / 春秋早期
2012-2014 年南阳夏饷铺 19 号墓出土

古鄂国
一个被遗忘了的"汉阳诸姬"之一

黄凤春　湖北省文物考古研究所

　　古鄂国之"鄂",在古文字中多写作"噩"和"咢"。鄂国是商周时期一个实力雄厚、非常有影响力的古国,据传世文献的零星记载,古鄂侯在商代时已位至"三公",后因为九侯被商纣所杀鸣不平并受到牵连。事见《史记·殷本纪》:"百姓怨望而诸侯有畔者,於是纣乃重刑辟,有炮烙之法。以西伯昌,九侯,鄂侯为三公。九侯有好女,入之纣。九侯女不喜淫。纣怒。杀之,而醢九侯。鄂侯争之彊,辨之疾,并脯鄂侯。"有关西周时的鄂国,传世文献的记载可谓是凤毛麟角,随着鄂侯驭方鼎和禹鼎铭文的发现,人们对其认识才逐渐清楚。通过禹鼎和鄂侯驭方鼎铭文而知,在西周时期,鄂国曾一度与周王朝有着非常亲密的关系,到了西周晚期,因其联合南淮夷叛周,才被周王室所剪灭。但有关鄂国的方位一直是学界所未能确认的。直到2009年随州羊子山西周鄂侯墓地和2011年随州叶家山西周墓地早期曾侯墓地的相继发现,才使得人们确信,西周时期的鄂国与曾国是同时并存于随州的两个古国。

　　在与鄂国有关的相关遗存发现中,学术界对鄂国一直在进行

图一 鄂侯簋(现藏台北故宫博物院)
铭文：鄂侯作王姞媵簋，王姞其万年子子孙孙永宝

不间断地探讨，使得这个充满无数玄机的神秘古国面纱被一一揭露。现在，根据众多与鄂国有关的金文材料可知，商代和西周早、中期的古鄂国应属姞姓，如现藏台北故宫博物院鄂侯簋，铭文为"鄂侯作王姞媵簋，王姞其万年子子孙孙永宝"（图一）。进入西周后，鄂国又臣服于周王朝，并被封往南土，成为周王镇守南土的重要一员，并与周王室通婚。鄂侯驭方鼎铭还显示出，此时的鄂侯与周王的关系非常融洽。根据禹鼎铭文，大约在西周晚期，因鄂侯联合南淮夷和东夷叛周，而被周王所灭。这已成为学术界的共识。

非常巧合的是，2012年在南阳夏饷铺再次发现了春秋鄂侯墓[1]，《江汉考古》2019年第4期全面报道了南阳夏饷铺的这批材料，可以确认的是，随州羊子山所见西周鄂侯与南阳夏饷铺一带的春秋鄂侯无疑应是同一个封国，他们不仅在年代上可以前后相续，而且在文化面貌上也前后相因，但二者族姓已完全不同了。随州西周早期、中期之鄂为姞姓，而南阳夏饷铺春秋之鄂已是姬

M16: 3、4　　　　　　　　　　　M19: 10

图二　南阳夏饷铺出土姬姓铜器铭文拓片
铭文：噩侯乍（作）孟姬媵壶

姓了。如在夏饷铺M16和M19中都分别出有"鄂侯作孟姬媵壶"的铭文[2]（图二）。由此可见，过去通过禹鼎铭文所确认的鄂国被西周王朝所剪灭的看法应重新审视。

既然湖北随州安居西周之鄂与南阳夏饷铺春秋之鄂族姓有别，而又可确认同属一个连续的封国，其间必有可重新探讨的空间。我们认为，古鄂国到了西周晚期时因其反叛周王室而被周人彻底灭亡后，周王又在原地，也就是在随州重新分封了一个姬姓的鄂国，也就是说改姓不改国名，到了西周晚至春秋初年，随着楚国势力的开始中东扩，周王不得不把这个重封的姬姓鄂国迁往到了南阳，史称"西鄂"。确切而言，重封后的姬姓鄂国，原可能也属汉阳诸姬之一，只不过是被遗忘的汉阳诸姬之一。

作出以上判定，主要是不断发现的有关西周封国遗存，绝大多数都显现其国名与商代时完全相同，但族名却已发生了根本改变。鄂国金文资料的发现以及体现在时空上的联系似也关联到这一点，这为我们认为鄂国重封后也属汉阳诸姬之一提供了坚实的推论依据。

众所周知，西周王朝建立后，曾先后进行了多次分封，分封的目的旨在"以藩屏周"。我们注意到，周人在灭掉旧有的殷商封国后，特别是在一些重要的区域，一般是重新分封一个姬姓的侯国，但国名仍为旧国名，即改姓而不改国名。以汉东曾国为例，根据武丁时的卜辞，在汉东的商代一直存在着一个姒姓的曾国，随着曾侯乙墓发掘后，在还未见有西周早期姬姓曾国的遗物时，曾国在西周晚期被封于汉东已成为当时学术界的共识。但2011年随州叶家山西周曾侯墓地发掘以及春秋大批金文发现后，才使得我们确信，西周早期的曾国就已经不是商代的姒姓曾国了。当然，西周封国改姓而不改国名的这一特性起初并不为学者所接受。在叶家山发掘之初，当发掘者已指出这个曾国应为姬姓时[3]，即有学者撰文反对，并称这个曾国并非姬姓，其应为商代姒姓曾国的遗裔国[4]。同时也有众多学者附同[5]。

回顾曾国研究史，在曾侯乙墓发掘后的初始阶段，有些学者虽得出了姬姓曾国始封于西周早期[6]，但由于没有考古学实物的验证，曾国被封于西周晚期仍为大多数学者所认同。甚至还有学者得出了曾国为土著姬姓的论断[7]。我们之所以在讨论西周封国的族姓时总是一而再、再而三地误入歧途，这说明，我们对西周封国的特性还缺乏相应的认知，总是将原有的封国同后来的同一封国混为一谈。

事实上，在汉东地区除了曾国外，还有一个姬姓的唐国也是如此。唐国的始封年代史无明载，研究者大多据《国语·郑语》史伯说的一句话，即"当成周之时，南有荆蛮，申、吕、应、邓、陈、蔡、随、唐"，韦昭注："应、蔡、随、唐，皆姬姓也。"认为唐国至迟在西周晚期已立国于江汉。但徐元诰在《国语集解》又说："唐，南唐也，刘累之封，今湖北随县西北八十五里有唐县镇。"[8]徐氏所谓的"南唐"是相对于北方的唐国而言的，显然是指汉东的唐国。但说刘累之封，已早到了夏代，据"安州六器"之一的西周早期"中觯"铭文而知，西周早期姬姓的唐国已在汉水以东了。徐元诰所说的"刘累之封"应与姬姓唐国无涉。极有可能是将夏商时期的唐国和西周早期有唐国混为一谈了。

梳理相关出土文献，在商代的汉东确曾有一个唐国。如在甲骨文中就有记录，其卜辞为：

乙卯卜，争，王乍（作）邑，帝若，我从之唐。（《合集》14200正）

这是一则反映在唐作邑的卜辞，过去很少有学者论及。卜辞中的"我"，陈梦家先生认为不是"王"，也不是邦族名，应是卜人泛指的商王国。[9]"我"作为商代的国名，见之于武丁时期的卜辞。其地应在南方的汉水以东一带。有关"我"国的卜辞有如下几则：

乙未（卜），囗，贞立事于南，右（从我），中从舆（举），左从（曾）。（《合集》05504）。
乙未（卜），囗，（贞）立事（于南），右从我，（中）从舆（举），左从（曾）。十二月。（《合集》05504）。

上述二例卜辞是大家广为熟知的，是记录商人对南方征伐时利用了当地的方国，其中的"我""舆（举）""（曾）"都是汉水以东的方国名。由这些卜辞对读，可确认《合集》14200正的一则卜辞中所记录的在唐作邑事例中所涉的"唐"应指的就是汉水以东的唐国。正是有"我"国的铭辞,才使我们确信在商代汉水以东就曾经有存在着一个唐国,但其族姓并不清楚,只能说明与商王朝有着密切的关系。除此之外,卜辞还见有商王对唐的征伐记录,如:

贞,于唐子伐。(《合集》972)
贞,唐子伐。(《合集》973)

上列是指商王对唐地的用兵,由此也可推知,周王夺得天下后,应是灭掉了原有的唐国,重新分封了一个姬姓的唐国。由叶家山西周曾侯墓发掘而知,周人灭殷后,曾国也应同唐国一样,是在灭掉了原有的封国后而重新分封姬姓的封国。由于商周二朝在汉东都有相同的古国名的存在,学者在研究这些古老的方国时往往囿于文献,把前后二个国名相同而族姓不同的国名混为一谈。如陈槃先生通过文献详细论述了唐国的爵称为侯,姓氏为祁姓,始封为尧后,建都于今湖广德安府随州西北八十公里的唐城镇,定公五年(公元前505年)被楚所灭[10]。显然,陈氏所言汉东西周唐国为祁姓,可能源于徐元诰的《国语集解》说,但应是错误的。由甲骨文判定,汉东夏、商时期的唐国就有可能为祁姓了。由此而知,周人在夺得了天下后,一般是灭掉了原有的封国,而重新分封了姬姓国,只是改姓而不改国名。

梳理相关考古发现,西周时无论是畿内还是畿外的封国,大多都是沿用了旧有的国名,如邢、息、密须、纪等国也莫不如此。

邢国是商周时的古国,地约在今河北邢台,古称邢(井方国）。据《史记》和《竹书纪年》记载，商代祖乙九年迁都于邢，历祖辛、沃甲、祖丁至南庚129年。盘庚迁殷后，邢地称作邢（井）方，为商朝重要的畿辅方国。到了西周时，周人灭掉了殷时的邢国，周成王为了感谢周公旦辅政之恩，封周公旦第四子姬苴（邢靖渊）于邢国，邢国属于周公旦的封地。出土自邢台，现藏于大英博物馆的西周青铜器邢侯簋（又称周公彝）及麦尊、麦彝上的铭文都记载了西周邢侯受封的盛典。

息国也是一个古老的方国，其地约当在今河南息县。息国屡见于甲骨文，如：

戊申帚息示二屯，永。（《合集》2354）
……子……何……息……白……（《合集》3449）
乙亥卜，息白弘，十一月。（《合集》20086）

王长丰先生认为："《合集》2354臼辞为武丁时期卜辞，……'帚'即妇，'妇某'为商王请妇之专称，认为是武丁后妃之一；'息'，方国族氏名。'息'国某妇适于商王为妇，这也说明，息在商王武丁时期，曾为商王朝的姻邦。《合集》20086辞之'息白'，'息'，侯国名，伯爵。由此可见，商代'息'为侯国名。"[11]1979年至1980年在河南罗山后李发现了一批晚商墓葬并出土了大量青铜器，其中很多青铜器上都有"息"字的铭文[12]。因罗山县与息邻近，无疑，罗山出土的这批晚商青铜器应属商代的"息国"，与姬姓无涉。到了西周时，息国已为姬姓了，说明应是周人灭殷后重新在旧有息国的基础之上重新分封的姬姓息国。

其实，周人改封其族姓在文献中也有明确的案例，如文献中的密须国便是如此。据《史记·周本纪》："西伯阴行善，诸侯皆来决平……明年，伐犬戎。明年，伐密须。"《集解》引应劭曰："密须氏，姞姓之国。"杜预注："姞姓国，在安定阴密县也。"[13]《诗经·大雅·皇矣》亦载有："……密人不恭，敢距大邦，侵阮徂共。王赫斯怒，爰整其旅，以按徂旅。以笃于周祜，以对于天下。"[14]《史记·周本纪》在周共王时提及密须国："共王游于泾上，密康公从，有三女奔之……康公不献，一年，共王灭密。"《集解》引韦昭曰："康公密国之君，姬姓也。"从文献记载看，在周文王、周共王时对密须国记载出现了同国不同姓的情况，《左传》一书则明确地作了解答。《左传》在僖公十七年（公元前643年）曾有密须国的记载，杨伯峻注："（密须）为文王所灭，以封姬姓。"[15]孔颖达《毛诗正义》中引皇甫谧云："文王问太公曰：'吾用兵孰可？'太公曰：'密须氏疑我，我可先伐之。'管叔曰：'不可！其君天下之明主，伐之不义。'太公曰：'臣闻先王之伐也，伐逆不伐顺，伐险不伐易。'文王曰：'善！'遂侵阮徂共而伐密须。密人自缚其君而归文王。"这段话表明周文王讨伐密须只是因其反叛，改封其为姬姓国是为了"以藩屏周"。

西周纪国为姜姓，约受封于西周初年。其地当在今山东省寿光县。"纪"在金文中多写作"己"。1983年在山东寿光益都侯城出土了一批商末青铜器，铭文多见有"己"和"己并"[16]。说明在商代纪国就已经存在。西周的纪国应是在原有的纪国之上重新分封的。

事实上，周人的这种改姓而不改名和重新分封的现象还见于众多的封国，诸如鲁、燕等国也是如此，限于篇幅，我们不一一罗列。正是依据这些众多的史料及考古发掘所获得的新认识，我们有理由推定当时鄂国因反叛姬周被灭后,重新封了一个姬姓的鄂国。尽管在禹鼎铭文中对灭鄂有"勿遗寿幼"一语,但从当时的南国形势而言,特别是面对强势的南淮夷,周人以姬姓的族人强化这一带力量以应对南淮夷不是不可能的。如果没有南阳夏饷铺姬姓鄂侯铜器群的发现,我们还没有更有力的材料来作出这一推断。需要指出的是,周人的封国大多是在西周早期完成的,但鄂国的灭亡与重封已到了西周晚期,说明周人姬姓封国应贯穿整个西周时期。

根据相关封国的历史记载及考古发掘的新材料,我们有理由重新认识鄂国,它应是被周人灭国后,在原有余部的基础上重新分封了一个姬姓的鄂国,只不过其在汉东存续的时间不长,随着春秋初年楚国势力向东的挺进,姬姓的鄂国被迫迁往南阳,形成历史上的"西鄂"。其时空正好与南阳夏饷铺的鄂侯铜器群相印证。如果这一推断无误的话,那么,姬姓的鄂国原也应属传世文献上所载的汉阳诸姬之一。

基于以上结论,我们尚需对"汉阳诸姬"一说进行必要的梳理。

众所周知,汉阳诸姬是一个历史概念,首见于《左传》僖公二十八年(公元前632年)晋大夫栾枝语"汉阳诸姬,楚实尽之"。此前因囿于对"汉阳"区划范围认识的不同,再加上对汉阳区域内姬姓封国国名及数量认识的局限,古今学者都曾对"汉阳诸姬"一说存在着较大分歧。近来有学者对"汉阳诸姬"也持有怀疑,并进而认为其是历史层累造的产物。[15]春秋姬姓鄂侯铜器群的发现,将其初始定位于汉东,使我们在这一区域新得知了一个姬姓封国的存在,同时对我们认识鄂国由姞姓改为姬姓及"汉阳诸姬"的形成提供了非常重要证据。

梳理"汉阳诸姬",首先要确立"汉阳"的区位问题。根据古人名地"山南水北曰阳"的惯例,汉阳无疑是指汉水之北。故而杜预在《左传》僖公二十八年注中言:"水北曰阳,姬姓之国在汉北者,楚尽灭之。"由于杜预并没有划定一个汉水以北的终止点,故学者们对"汉阳"区划呈现出完全不一致的范围。其中清人易本烺在《春秋楚地答问》中试图明确这一个区域,他认为"汉阳"应是"西至汉水以东,南至汉水以北,东至光黄,北至淮汝"[18]。今人杨伯峻也基本上承袭了清人易本烺的观点,他在《左传》僖公二十八年注中把位于淮汝的姬姓蔡国也纳入了汉阳诸姬中[19]。从地理方位而言,显然已超出了汉阳的空间范围,应不可信。

除了上述观点外,当今也有更多的学者将汉阳诸姬的范围进一步扩大化,并将其确定在"终南山(秦岭)以南,淮水,汉水南北流域之区,大体相当于今陕西南部、湖北西北部与中部、河南省南部"一带[20]。也有学者认为,"'汉阳诸姬',顾名思义当是指位于汉淮两岸的诸多姬姓封国",范围包括了江汉平原、南阳盆地与淮汝地区[21]。更有学者将"汉阳"和"汉阳诸姬"分别视为地理概念与政治概念,认为汉阳是指楚国的北部势力范围[22]。于薇则认为"汉阳"仅指汉水以东、以北的地区,而"汉阳诸姬"仅指分布在汉水之阳的姬姓诸侯国[23]。

通过比较而论,我们认为汉阳的指称不应无限度地扩大,更不应扩大至淮汝和江汉之地。相比较而言,于薇先生仅限汉水之阳的论断应更接近史实。特别是她从地理空间分布的角度对淮汉地区的自然地貌进行分析后,指出汉阳与淮阳是被桐柏山—大别山完整切割的两个相对独立的自然空间,相互之间难以通行,这一结论是有很强的说服力的。但她又指出,由于汉阳区划内很少见姬姓封国,进而否定"汉阳诸姬"的存在,是值得进一步探讨的。

其实,从"汉阳"广义的地理称谓而言,将其理解为汉水之北的空间是不错的,但实应从当时的语境作具体分析。我们非常赞同于薇先生以地理的空间分布与自然地貌角度来理解这一称谓,即以这一区域的交通往来为依据。换言之,汉阳的空间位置是否有自然的山峦为阻隔,如果有,我们就应当予以充分考虑。实际上,在鄂北地区就有大别山和桐柏山,形成了山南和山北的不同生态地貌和环境,如果我们将山南与山北都视为汉阳显然不合古人的名地的习惯。以此为依据,将汉阳的地理空间无限度地扩大,是有问题的。故此,笔者认为,汉阳实应指南阳盆地、桐柏山—大别山以南,迤至黄陂、孝感,即今汉水以东的这一片区域,即我们所说的随枣走廊一带。在地理空间上,虽说这一区域是汉水以东之地,但以汉水为地理坐标,仍属于水之阳的方位。故"汉阳诸姬"实际所指的就是这一片区域的姬姓封国,而不会是漫无边际的涉及到淮水及汝水甚至江汉的广袤地区。

我们注意到,在传世文献中,除了"汉阳"的地域称谓外,还有与之相等同的"汉东"和"汉川"地域指称。如《左传》桓公六年(公元前706年):"汉东之国随为大。"《左传》定公四年(公元前506年):"周之子孙在汉川者,楚实尽之。"我们认为,传世文献中的所谓"汉阳""汉东""汉川",其实所指的都是同一区域,就是我们所认为的南阳盆地、桐柏山—大别山以南,迤至黄陂、孝感,即今汉水以东的这一片区域。需要特别指出的是,"汉东"一词也见于新出土的曾国金文中,2019年在随州义地岗发掘的曾公的编钟铭文中就有"皇且（祖）建于南土，敝（蔽）蔡南门，质（誓）应亳社，适于汉东"一语[24]，说明"汉东"称谓由来已久。从曾侯铭文"敝（蔽）蔡南门"和"适于汉东"一语看，显然是把姬姓的蔡国排除在汉东以外的。据此可确知"汉东"实际所指的就是我们所说的随枣走廊一带。编钟铭文也进一步证实了过去把位于河南上蔡西南的蔡国也纳入"汉阳"的地理格局内应是错误的。

在《左传》定公四年中还有"汉阳之田，君实有之"一句，这是吴楚之战后，吴人攻破郢都后，追至随国要随人交出楚昭王而作出的许诺，意思是只要随人交出楚昭王，汉阳这一片区域就都是随国的地盘了。从当时的语境分析，吴人的意思是说只要楚国灭亡后，楚国就不会图谋汉东了，那么随国自然就没有人与之匹敌了。如果说汉阳包括了楚的所有统治范围或淮汝一带，我想吴人还不至于有如此大的口气。于此可见，汉阳之地实就是指汉东一带。因为这也符合随国是汉东最大的封国的政治格局。

如果说我们所推定的汉阳之地仅限于桐柏山—大别山以南并迤至于黄陂一带的汉东之地不误的话，那么我们还应探讨在这一区域的姬姓封国问题。传世文献中有"汉阳诸姬"之说，那么在这一区域内究竟有哪些姬姓国家呢？由于传世文献的疏载，其实在这一区域里我们已很再难统计出几个姬姓国家来，以致于造成了二种局面：一是将汉阳的区域无限扩大，甚至将一些本不属于姬姓的国家也纳入其中，进而满足"汉阳诸姬"的条件；另一种是汉阳的范围虽接近于我们所考论的范围，但这一区域又找不出多少姬姓封国来，进而否定了"汉阳诸姬"之说的存在。

我们认为，汉阳诸姬应只局限于汉水中下游的汉东之地，其中很多的姬姓封国随着年代湮远已无从可考，这些只能仰仗考古发掘来破译了。事实上，仅从传世文献中我们仍能确定一些，如比较明确就有位于随州的唐、随（曾），位于广水的贰，位于安陆的郧，共四国。那么现在通过鄂侯铜器铭的研究，我们又进一步得出鄂国也曾一度属汉阳诸姬之一，就进一步丰富了我们对这一带姬姓封国数的认知。其实，这一带的姬姓封国还并不止这些，1977年10月至1978年元月考古工作者在黄陂鲁台山发掘了5座西周墓葬，其中以M30为最大，墓内出土青铜器有公太史的铭文[25]。对于公太史所指，多数学者都认为是毕公[26]，目前尽管鲁台山的国别尚无定论，但姬姓周人的铜器出自于此地，至少这一带也应有姬姓封国存在的线索可寻。

就目前所罗列的姬姓封国而言，其数量并不偏少，特别是我们将鄂国也确定为曾属西周灭国后在此重封的姬姓国，对于我们确信有"汉阳诸姬"的存在增添了有力的证据。实际上，随着这一带考古工作的发现，还可能有我们未曾掌握的姬姓封国面世。故此，南土作为周人经营的南方要冲，汉阳诸姬的存在应不容质疑。

需要指出的是，据传世文献所载，汉阳诸姬大多被楚国所灭，但据青铜器铭文所示，重封姬姓的鄂国先是处于汉阳的随州，而后被迁徙至南阳，并非为楚国所灭。我们认为，鄂国之所以迁徙，可能与春秋初年楚国势力的东扩有着密不可分的联系，这与《左传》所记的楚国所言的"吾不得志于汉东"[27]的局面是可相互印证的。姬姓鄂国迁出汉阳的原因，虽说可能是迫于楚国东扩的势力，但其背景也可视作是周人为应对楚人在汉阳之地所作出的政治格局的一次重大调整，即以单一的随（曾）国来与楚人斡旋。

总之，近年来，随州叶家山西周曾国墓地、随州羊子山鄂侯墓地以及南阳夏饷铺鄂侯铜器的发现，揭示了很多重大的学术问题，特别是姬姓鄂国铜器铭文的发现，将有助于我们重新认识汉阳区域的历史，本论正是基于这一思考，提出在别样视角下重新认识古鄂国的历史。专此说明古鄂国可能就是被遗忘了的一个"汉阳诸姬"之一。

（本文据作者《鄂国由姞姓向姬姓转变及其迁徙的背景分析——兼论鄂国灭国后应属汉阳诸姬之一》，《中原文化研究》2020年第6期改写）

注　解

[1] 崔本信、王伟：《南水北调中线工程南阳夏饷铺鄂国贵族墓地发掘成果》，《中国文物报》2013年1月4日。
[2] 河南省文物局南水北调办公室、南阳市文物考古研究所：《河南南阳夏饷铺鄂国墓地M19、M20发掘简报》《河南南阳夏饷铺鄂国墓地M7、M16发掘简报》《河南南阳夏饷铺鄂国墓地M1发掘简报》，《江汉考古》2019年第4期。
[3] 黄凤春、陈树祥：《湖北随州叶家山西周墓地考古发掘获阶段性重大成果》，《中国文物报》2011年1月12日。
[4] 杨升南：《叶家山曾侯家族墓地曾国的族属问题》，《中国文物报》2011年11月2日第3版。
[5] 李伯谦：《西周早期的重大考古发现》，《随州叶家山西周早期曾国墓地》，文物出版社，2013年；刘绪：《近年发现的重要两周墓葬述评》《梁带村里的墓葬：一份公共考古学报告》，北京大学出版社，2012年；笪浩波：《汉东的、曾国和随国考》，《楚简楚文化与先秦历史文化国际学术研讨会论文集》，湖北教育出版社，2013年；董珊：《从出土文献谈曾分为三》，《出土文献与古文字学研究》，上海古籍出版社，2013年；张昌平：《叶家山墓地相关问题研究》，《随州叶家山西周早期曾国墓地》，文物出版社，2013年；曹芳芳：《两周时期曾国及族属考辨》，《古代文明研究通讯》2013年总第59期。
[6] 何浩：《从曾器看随史》，《江汉考古》1988年第3期。

[7] 舒之梅、刘彬徽：《论汉东曾国为土著姬姓随国》，《江汉论坛》，1982年第1期。
[8] 徐元诰撰，王树民、沈长云点校：《国语集解》，中华书局，2002年，第461页。
[9] 陈梦家：《殷墟卜辞综述》，中华书局，1988年，第318页。
[10] 陈槃：《春秋大事表列国爵姓及存灭表譔异》，上海古籍出版社，2009年，第769~774页。
[11] 工长丰：《"息"方国族氏考》，《中原文物》2007第2期，第59-65页。
[12] 河南省信阳地区文管会等：《罗山天湖商周墓地》，《考古学报》1986年第2期。
[13] 密须国地有安定和保定两说。孙星衍辑《括地志》卷三"泾州鹑觚县"条："鹑觚密氏，姞姓，今阴密城，在泾州之安定。〈郡县志〉：'在灵台西'。"（孙星衍辑：《括地志》，第61页）。《路史·国名纪》甲卷："密须，《括地象》云：'鹑觚密氏，姞姓，今阴密城在泾州之保定。'〈郡县志〉：'在灵台西'。"（《路史·国名纪》，第325页）。
[14] 孔颖达疏：《毛诗正义》，李学勤主编：《十三经注疏》，第1030页．
[15] 杨伯峻：《春秋左传注》（修订本），中华书局，1985年4月，第374页。
[16] 寿光县博物馆：《山东寿光新发现一批纪国青铜器》，《文物》1985年第3期。
[17] 于薇：《"汉阳诸姬"：基于地理学的证伪》，《历史地理》第二十四辑，2010年4月。
[18] 易本烺：《春秋楚地答问》，中华书局，1985年4月，第4页。
[19] 杨伯峻：《春秋左传注》（修订本），中华书局，1985年4月，第501页。
[20] 杨东晨、杨建国：《汉阳诸姬国史述考》，《学术月刊》1997年第8期。
[21] 赵燕姣：《西周王朝经营南国史实》，南开大学博士学位论文，2011年。
[22] 吴三元：《"汉阳诸姬"分封及地理考》，《楚学论丛》第八辑，湖北人民出版社，2019年5月，第190页。
[23] 于薇：《"汉阳诸姬"：基于地理学的证伪》，《历史地理》第二十四辑，2010年4月。
[24] 凡国栋等：《曾公编钟铭文初步释读》，《江汉考古》2020年第1期。
[25] 黄陂县文化馆、孝感地区博物馆、湖北省文物考古研究所：《湖北黄陂鲁台山两周遗址与墓葬》，《江汉考古》1982年第2期。
[26] 刘启益：《黄陂鲁台山M30与西周康王时期的铜器墓》，《江汉考古》1984年第1期。
[27] 《左传》桓公六年。

三角折线纹盉 / 西周早期
2007年安居羊子山4号墓出土

随州羊子山出土噩[1]国青铜器

王生慧　随州市博物馆

说起曾侯乙墓，想必大家都不会陌生，而对于它的发现地湖北随州则不甚明了。随州位于湖北省北部，闻名于世的曾侯乙编钟即出土于此，也是华夏始祖炎帝神农的诞生地。随州地处长江流域和淮河流域的交汇地带，北接南阳、信阳，南临荆州，西承襄阳，东达武汉，可谓是居"荆豫要冲"，扼"汉襄咽喉"，为"鄂北重镇"，是湖北省对外开放的"北大门"。国务院于2000年批准设立随州为地级市。全市版图面积9636平方公里，常住人口200多万人。

随州因发现了大量曾国墓葬而被认定为周代曾国的中心区域[2]，2007年羊子山M4被发现以后，大量"噩侯"铜器的出土使学者们意识到，随州安居镇羊子山M4所在为噩国公室墓地，西周早期的噩国中心区域应在今随州境内[3]。2011、2013年随州叶家山考古发现表明，曾国在西周早期就已封侯立国[4]。随州安居镇羊子山M4和淅河镇叶家山曾国墓地的先后发现证实了噩国与曾国在西周早期并存于随州地区而且相距不远，共同镇守西周南土疆域[5]。

羊子山墓地航拍图

一、羊子山墓地出土噩国青铜器

近年收集和出土的有铭青铜器,部分属于古代噩国之器。尤其自1975年以来湖北随州安居羊子山出土的3批次西周早期噩国青铜器,对于探寻古噩国的踪迹更是意义重大,由羊子山噩国贵族墓地可知噩国在西周早期已经存在于随州境内安居一带。

安居遗址(含安居城址、羊子山墓地)于1957年11月被发现;2002年被湖北省政府公布为文物保护单位;2013年5月,被国务院核定公布为第七批全国重点文物保护单位。其中的羊子山墓地位于湖北省随州市㵐水北岸,在距安居镇东北一公里的山丘

羊子山墓群国保单位石碑

上,东距随州市区约20公里。自1975年以来,这里先后发现过三座西周墓葬,分别是1975年羊子山残墓、1980年羊子山M1、2007年羊子山M4。共出土三批次西周早期噩国青铜器,其中有多件"噩侯"铭文铜器。"噩侯"铜器的发现和噩国地望的确定对于研究当时的历史具有重要的学术意义。下面我们就一起来赏析下出自羊子山墓地的噩国青铜器。

1975年羊子山残墓

1975年社员在农田建设中,发现青铜器4件:兽面纹鼎、兽面纹簋、单錾尊、雷纹爵(图一),可能出自墓葬。据当地群众反映，簋和尊一起出土[6]。鼎、簋无铭文，簋的形制及纹饰极似洛阳庞家沟出土的铜簋（M1:2）[7]，由此可知其时代为西周早期。雷纹爵腹部鋬间有铭文一行三字"鱼父乙"。

噩侯弟历季尊[8]，该单鋬尊腹内底铸有铭文二行八字"噩侯弟历季作旅彝"。尊的特殊处是有鋬，有学者认为设鋬的主要目的是便于携带、倾倒[9]。

有两件其他博物馆所藏器物与之有关联，介绍如下：

噩侯弟历季觯20世纪50年代由上海博物馆收集，器盖同铭，二行八字"噩侯弟历季作旅彝"。原报告称之为卣[10]似不妥，张昌平[11]认为应称觯，本文从此说。简报[12]及其他学者[13]均指出羊子山噩侯弟历季尊与上海博物馆收集的这件觯相配。

噩侯弟历季簋[14]，洛阳博物馆收藏，内底有铭文二行八字"噩侯弟历季自作簋"（图二）。饰有简素雷纹，风格与尊、觯接近[15]。

上述尊、觯两器器形不同，但铭文完全相同，纹饰相似，器腹一侧都置有形制相同的兽首鋬，上海博物馆所藏的噩侯弟历季觯应该也是出自随州安居羊子山的噩国贵族器物[16]。由上可知，噩侯弟历季尊、噩侯弟历季觯、噩侯弟历季簋，三件铜器的纹饰风格一致，又有相同的铭文（行款、字体、作器者姓名、身份都相同），同为噩侯弟历季所作，笔者认为它们应为一组礼器中的其中三件，应同出自随州安居1975年羊子山残墓中。根据所出青铜器器形、纹饰判断，该残墓时代当为西周早期。

1980年羊子山一号墓

1980年发现的安居羊子山一号墓为竖穴土坑墓，封土无存。面积约6平方米，残存墓口南北长3.15米、东西宽2.1米，深约1

图一　1975 羊子山器物群
1、兽面纹鼎　2、鱼父乙爵　3、噩侯弟历季尊　4、噩侯弟历季觯
5、噩侯弟历季簋　6、兽面纹簋

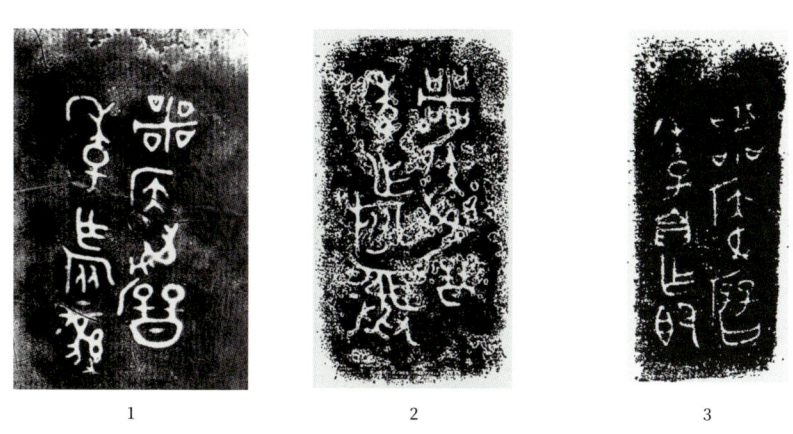

图二　噩侯弟历季组器物铭文拓片
1、噩侯弟历季尊铭文　2、噩侯弟历季觯铭文　3、噩侯弟历季簋铭文

067

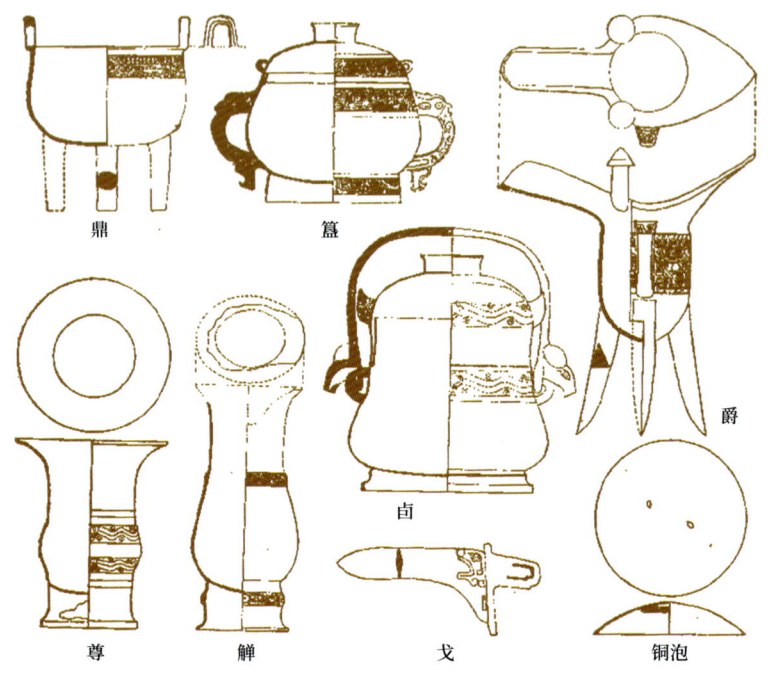

图三　1980 年羊子山 M1 出土青铜器（图片来源于简报）

米。器物放置在墓主人的头部和左侧。棺椁已腐朽，但痕迹仍然明显。填土为夯土加白膏泥。在棺椁痕迹之下铺一层朱砂。墓内出土青铜器18件：兽面纹鼎1、兽面纹簋1、龙纹提梁卣2、龙纹尊1、雷纹爵1、云纹觯1、牛首形兽面4、戈4、铜泡3。铭文器有"戈父辛"爵和"子父癸"觯[17]。（图三、图四）

从器物的形制特征（鼎为柱足，爵为凸底，爵的柱立在离流折较远处，戈的援较宽等）以及器上的兽面纹饰风格，可以断定羊子山M1的时代为西周早期。

1   2

3   4

图四 1980年羊子山M1部分出土器物照片
1、龙纹提梁卣 2、戈父辛爵 3、兽面纹鼎 4、牛首形兽面

图五　兽面纹簋对比
1、1980年羊子山M1出土　2、2006年羊子山征集

1980年羊子山M1和1975年羊子山残墓两器物群，相同器物的形制、纹饰差别不大，如1980年羊子山M1出土铜爵与1975年鱼父乙爵，造型、纹饰完全一致。"鱼父乙"三字铭文位于爵鋬，与此次出土铜爵铭文"戈父辛"和铜觯铭文"子父癸"也是同一风格，为晚商至早周铜器铭文所常见。这些铜器的出现，似可表明商文化在这一带的影响[18]。兽面纹鼎形制、纹饰与1975年同类器相似。综上所述，1980年羊子山M1这批出土器物，虽无"噩"的铭记，也应归属噩国青铜器。

　　值得一提的是，2006年随州安居羊子山征集到一件兽面纹簋，现藏随州市博物馆，与羊子山M1兽面纹簋形制、纹饰相似。(图五) 笔者认为该簋也应归属羊子山噩国青铜器。

2007年羊子山四号墓

　　2007年11月，因犯罪分子盗掘未遂，考古工作者在湖北随州安居羊子山抢救发掘了一座墓葬（编号羊子山M4[19]），出土青铜器27件。这批弥足珍贵的青铜器包括7鼎（圆鼎4、方鼎3）、4簋、2尊、4卣、3爵、觚、方罍、圆罍、盘、盉、觯、斝。(图六) 从出土铜器可以看出，这座墓葬级别很高。显然上述27件青铜容器不应是此墓随葬青铜器的全貌，期待能早日看到这一级别墓葬出土的其他器物。

　　关于这批器物的年代，张昌平有着精辟论证：这些器物的时代风格一致，年代特征较为明确。以这些器类为组合的青铜器群见于殷墟晚期到西周早期的较长时间段内；但羊子山M4出土青铜器在形制上多具有西周早期的特征，如四耳方座簋饰涡纹、爵柱较长而距流折较远，扉棱装饰发达并作勾云状；这些特征

图六 2007年羊子山M4器物群

不见于殷墟时期的青铜器。同时羊子山M4出土铜器没有晚于西周早期的特征，如纹饰仍以兽面纹占绝大多数，鸟纹尚未出现，西周中期罕见的斝、觯、圆罍仍并存[20]。羊子山M4出土的四耳方座簋、双耳方座簋、圆罍等青铜器与宝鸡纸坊头M1[21]同类器的形制基本相同，两墓出土的小圆鼎、圆甗、方鼎、觯等器形制亦非常近似。综上，羊子山M4年代与宝鸡纸坊头M1年代大体相同，为西周早期。

这批青铜器的意义不容小视。在这27件器物中，有铭文器物共20件，绝大多数铭文有噩国标识，羊子山M4属于噩国墓葬无疑。这其中的多数又为噩侯所作，包括8件噩侯作器，即"噩侯作宝尊彝"圆鼎2、"噩侯作旅彝"器组（卣2、尊1、圆罍1、盘1）、"噩侯作厥宝尊彝"方罍1。其中同铭"噩侯作旅彝"5器，铭文的行款、字形完全相同，应为同时所作的一组礼器。在西周早期青铜器的铭文中，国君称谓之后常不带私名。以上噩侯青铜器的年代相同，铭文风格一致，指代的器主身份较一致，此噩侯应指同一人[22]。羊子山M4还出土2件噩仲作器，即"噩仲作宝尊彝"带盖方鼎一对。李学勤先生据噩仲方鼎盖上有夔形扁钮，对照太清宫长子口鼎与何簋，认为噩仲或许比上述噩侯要早一辈[23]。而张昌平学者则认为"噩仲"可能是上述那位噩侯即位之前的称谓，也可能只是噩国公族成员[24]。最新科学检测手段或许能帮我们解答"噩仲"与"噩侯"的关系问题，郁永彬等人经检测分析，"噩仲作宝尊彝"带盖方鼎（M4:14）与"噩侯作旅彝"器组合金含量相近，它们在制作上的联系应十分密切[25]。综上，笔者认为这里的"噩仲"应是这位噩侯在即位之前的称谓。

羊子山M4出土铜器构成较为多元，除了噩国标识青铜器外，还有"甲冉"甗、"子"觯，"宁父作宝尊彝"方鼎、"□侯作宝尊彝"圆鼎、"□伯丁□"圆鼎、"□作宝尊彝"方座簋等其他铭文铜器[26]。经郁永彬等检测，"宁父作宝尊彝"方鼎（M4:10）、"甲冉"甗与噩侯作器合金类型均有较大差异。这表明羊子山M4随葬铜器来源并不单一，可能存在成器的流通[27]。在这些青铜器中，羊子山M4出土青铜器如甗上"子"等徽记，与1975年、1980年青铜器上"鱼""戈""子"等徽记一样，一般是个别出现，未见数量集中的情况，是西周早期青铜器的常见现象[28]。

综上，根据墓葬青铜器的形制特征，可知墓葬年代为西周早期[29]，根据墓中随葬青铜器的组合及铭文指代的器主身份较一致，可以认定此墓是一位噩国国君的墓葬。因此M4的性质为西周早期噩侯的墓葬。此噩侯即位之前称谓为"噩仲"。

二、西周早期随州之噩

由于历史条件的限制，许多商周诸侯国都没有明确记载。曾国是这样，噩国也是这样。噩国作为一个历史悠久的古国，相关文献记载最早见于《战国策·赵策三》"秦围赵之邯郸"章鲁仲连与辛垣衍的一段对话："昔者，鬼侯之噩侯、文王，纣之三公也。鬼侯有子而好，故入之于纣，纣以为恶，醢鬼侯。噩侯争之急，辨之疾，故脯噩侯。文王闻之，喟然而叹，故拘之于牖里之库，百日而欲舍之死。"[30]类似记载亦见于《史记·殷本纪》《史记·鲁仲连邹阳列传》[31]。

上述文献记载表明，噩国早在殷商时期就存在，并且是当时的重要方国，噩的起源应非常久远。有学者结合殷墟卜辞和《战国策》《史记》等史料考证出，商代之噩位于河南沁阳县，商王经常在噩进行狩猎活动[32]。商代末年与文王、鬼侯同为纣王三公之一的噩侯因劝谏纣王而被杀后，噩国、噩侯不见于文献记载。

考古发现是补史证史的权威实物资料，在当前我们就只有通过考古发现的资料来探究古噩国历史地理面貌。由上述随州市安居镇羊子山墓地出土的三批次西周早期噩国青铜器可知，噩国在西周早期已经存在于随州地区安居一带。

噩国原在黄河以北，何时、何故南迁于随枣走廊，历史没有记载。推测西周初年，噩国作为周王朝灭商的联盟，被周王朝从黄河以北分封到周王朝的南土，即今湖北随州一带，成为周王朝的南方屏藩。因其地理位置重要，又靠近长江中游地区丰富的铜矿资源，噩国因此受到周王朝的重视。西周早期噩国与周王朝关系密切。

位于湖北省随州市西部20公里处的安居镇的安居城址，隶属随县安居镇王家楼村八组，北距羊子山噩侯墓地约1公里。安居镇坐落在桐柏山与大洪山间随枣走廊的南部，位于溠水东岸、涢水北岸的三角冲积平原上，自古即属南北交通的要冲。1984年武汉大学对该遗址进行了踏查，初步查明该遗址为一处重要的古代建筑遗址。它东西宽约800米，南北长约1000米。从整个遗址的布局来看，此遗址可能是以台地为中心的古代城邑遗址[33]。安居古城的确认，有着重大的学术价值。由此可知，西周早期噩国的都城遗址应在距羊子山墓地不远的安居古城遗址。结合羊子山噩侯墓地分析，安居古城的年代应上溯至西周早期。

三、西周早期噩国青铜器特色

噩国作为西周早期汉东地区重要方国，其青铜文化十分发达，从羊子山墓地所出青铜器中便可见一斑。随州安居羊子山墓地出土的青铜器共3批49件，所发现的器物类型较为齐全，器型有鼎、簋、尊、卣、爵、甗、罍、盘、盉、觯、斝等。这三批青铜器的年代基本相同，均为西周早期。

学者们对噩国青铜文化特征和铜器生产进行了相关研究[34]。他们的观点总结起来就是，综观噩国青铜器的风格，无论是其器类、形制、花纹，还是铭文各方面特征都具有典型的周文化特征。这与随枣走廊一带西周早期青铜文化的面貌相吻合，应该说它受中原周文化的影响是很大的。从青铜器铭文的字体结构到句例称谓等等，可以看出它与周人所用的文字与称谓是相同的。噩国青铜器目前所能看到的这些礼器的器类虽然不全，但也能从一个侧面反映噩国上层贵族的生活中所实行的礼制，与周礼或有某些相似之处[35]。这些都说明噩国与中原周文化的关系是很密切的。在这一期间，噩之公室与周王室的关系是融洽的。

从羊子山墓地出土的噩国青铜器可以看到，虽然它们制作的器类与中原周文化中的同类器有诸多共同之处，但是噩国青铜器也有其自身的特点。本文想要重点解析一下噩国青铜器的特色。

噩侯弟历季尊，1975年出土于羊子山残墓，器侧有一兽首鋬；噩侯弟历季觯，上海博物馆收藏，也应出自1975年羊子山残墓，颈部有一对半环形钮而无提梁，器侧有一兽首鋬；兽面纹簋，1980年出土于羊子山M1，簋盖上设小钮，与噩侯弟历季觯上的双钮类似，可知它们是特别的设计；神面纹方罍，2007年出土于羊子山M4，该器的器底中央悬挂一铃，铃内有舌。

青铜器中的銴主要设置在爵、斝等器物上，单銴在尊、觯等圈足的酒器中则比较罕见；兽面纹簋簋盖上设钮同样是非常少见；有明确出土地点的商周带铃青铜器（以舌铃为主），南方地区少见。这应是噩国当地青铜器制作的地方特色。噩国的这几件青铜器虽然在细部上的形制特殊，但它们的风格具有较多的一致性。

羊子山墓地出土青铜器中最具特色，最令学术界深感意外的则当属羊子山M4出土的4件神面纹青铜器，即神面纹尊、神面纹方罍、一对神面纹提梁卣。神面纹是指构图与兽面纹基本相同而具体部件略有差异的想象动物纹样，鼻眼近于人形[36]。作为西周早期处于周文化边缘地带的诸侯国，噩国不仅出土了精美绝伦的神面纹青铜器，还同时出现4件，其文化背景引人深思。噩国青铜器造型奇特，铸工精美，我们就来通过羊子山M4出土的神面纹青铜器赏析一番。

▶ **神面纹尊 M4：26**

通高34.5厘米、口径25.1厘米，重6096克

侈口，方唇，腹部微鼓，圈足较高，器身有四道对称的钩形扉棱，前、后扉棱中各有一卷鼻象首，口沿饰蕉叶状倒立龙纹，腹部饰神面纹，神面鼓目卷角，双耳竖起。圈足饰相向卷曲的龙纹[37]。器内有3字铭文，但因不清尚未释读出来。（图七）

▶ **神面纹方罍 M4：24**

通高60.1厘米、口宽13.1厘米、口长14.6厘米，重12547克

器分盖、身两部分。通体四面中线及四隅均饰钩形扉棱，盖为

图七　羊子山 M4 出土神面纹尊

单脊四坡屋顶状。盖钮高耸,上有一对相向的鸟形钮。器身方体,直口,溜肩,深腹,方圈足,肩部两侧有对称的半环兽首衔环耳,器身前、后肩部正中各有一张牙卷鼻象首,两旁有对称涡纹及倒立的夔龙纹,盖顶四面和器腹四面均饰神面纹,器口四面饰对称龙纹,圈足四面均饰一首双身龙纹。器底中央悬挂一铃,铃内有舌。盖内有铭文一行七字"噩侯作厥宝尊彝"[38]。青铜器方罍存世数量较少,纹饰如此雄奇瑰丽的更少,这件方罍具有极高的艺术价值。(图八)

▶ 神面纹提梁卣

大(M4: 25):通高49.5厘米、口径12.1~15.2厘米,重10897克;

小(M4: 27):通高42.5厘米、口径10.5~12.7厘米,重6810克

一对,形制、纹饰相同。扁圆体,隆盖,盖顶立一象首,高盖沿。器身为子口承盖,垂腹,高圈足,口沿两侧有对称的半环钮与提梁相连,提梁两端及中部有四个对称的兽首。盖面、器腹饰四道对称的钩形扉棱,前后扉棱中各有一象首。盖面及腹部前后均饰神面纹,盖沿前后均饰二对称盘首龙纹,圈足前后均饰一首双身龙纹,全器无地纹。盖内有铭文一行三字"作宝彝"[39]。(图九)

以上四器显然是同时制作的。它们的主体纹饰均较为一致,而与常见的兽面纹略有不同。此纹饰作高浮雕状,眼、鼻、耳、眉、角、口俱全。既有双角,当为兽面,但由鼻翼到面部圆润地隆起,鼻形肥大,鼻梁高起,酷似人鼻,眼睑的结构近似于人目而与兽面纹不同,从总体看酷似人面,给人以亲和可爱之感,而

图八　羊子山 M4 出土神面纹方罍及铭文

图九　羊子山出土神面纹卣及 M4：25 盖内铭文

无一般兽面纹的威严与狰狞，故又被学者称为"神面纹"，并得到很多人的认同。

羊子山四号墓出土的神面纹青铜器在考古发掘中尚属首见，此前均为传世器。如北京保利艺术博物馆藏青铜卣、美国纳尔逊—阿特金斯（Nelson-Atkins）艺术博物馆藏青铜簋、纽约李昂布莱克（Leon Black）家族藏青铜簋。（图一〇）保利艺术博

图一〇　传世神面纹青铜簋
1、美国纳尔逊—阿特金斯艺术博物馆藏青铜簋　2、纽约李昂布莱克家族藏青铜簋

物馆从海外征集到的西周神面纹卣器形、纹饰与羊子山同类器近似。羊子山墓地出土的神面纹青铜器为解决传世神面纹青铜器的真伪问题提供了可靠的依据。

▶ 北京保利艺术博物馆藏神面纹卣

椭圆体。器盖较高,顶呈圆拱状,近沿部呈直壁。盖顶中心饰一立鸮作钮。器身为子母口,颈部微束,鼓腹,圈足起棱。拱形提梁跨于器体长颈两端,提梁两端及中部有四个对称的兽首,其中提梁两端饰突起的象首。盖面、器腹饰两道对称的钩形扉棱。主体纹饰作浅浮雕状,全器无地纹。器口中央正、背两面皆凸起一貘首。盖面及腹部前后均饰神面纹,腹身的神面纹两侧各有三道横列羽纹,李学勤先生推测为简化鸟翼[40]。圈足正、背两面饰一首双身龙纹。器盖对铭2行5字"作厥宝尊彝",无作器者名。铭文格式和字体均为西周早期风格。从全器的器形、纹饰及铭文字体特征看,此卣时代属于西周早期[41]。(图一一)

083

图一一　北京保利艺术博物馆藏神面纹卣及铭文

上述神面纹传世器与羊子山M4出土的四件，装饰风格较一致：器物主体部位以半浮雕手法满幅塑出构图近似的人面，使被装饰的眼、鼻、角、耳等更富有立体感。说明它们的年代基本相同。羊子山M4出土青铜器的神面纹与其他传世器神面纹的结构不同：前者的神面纹眉毛为带竖条的新月形，后者简化或省略；前者神面纹的耳作半浮雕的角状，后者则为当时更加流行的"C"形[42]。我们还不能推论保利馆卣以及上文提到的两件传世神面纹簋是与羊子山M4这些器物同出一源。有学者指出，这种神面纹尽管一定是在很短的时间内存在，标本也不会很多，但未必是在同一场所铸作，纹饰也非完全定型[43]。羊子山M4出土的四件神面纹青铜器的装饰和造型与上述传世神面纹青铜器不同，自身又具有高度的一致性，这两点反映出羊子山M4出土青铜器应为同时制作。

作为文化中心区域之外的诸侯国，噩国是否可能独立生产青铜器，在当前的条件下只能从青铜器的角度探索。有学者认为，周文化系统中的诸侯国青铜器，往往表现出不同方面的个性特征，或者是器形、纹饰的种类单调，或者是纹饰布局、器形局部作标新立异的处理，这些情况说明了青铜器为这些诸侯国自身独立生产的文化背景[44]。通过对噩国青铜器的形制、纹饰等方面的观察研究，可以看出噩国拥有自己的青铜制造业是确信无疑的。近年来的考古工作所取得的成果说明，长江中游地区分布着大冶铜绿山、瑞昌铜岭等铜矿，这里的矿产储量大、品质好、易于开采，因此很早已被人们开发利用。由于矿产资源丰富，随着生产力的发展，商周时期这些地区的青铜业就已相当发达。噩国所处的随枣走廊正是中原通往长江中游矿产地的重要通道，因此备受周王朝的重视。作为西周时期的一个比较大的邦国，噩国当时的青铜业应当较为发达。

从上面系列形制特异、纹饰奇特的青铜器，可以看出噩国独特的文化面貌。总体来说噩国的青铜文化受到周文化的强烈影响，但它不是单纯的模仿，而是结合噩国当地的文化因素，创造了独具特色的青铜文化。神面纹青铜器装饰的立体效果突出，具有极强的艺术表现力。羊子山墓地出土的4件神面纹青铜器可以说是瑰丽珍奇，形态新异，十分罕见，具有很高价值的艺术品，它们无疑是噩国青铜器的杰出代表。俞伟超先生对卣上的"神面纹"提出一种新认识，认为人面形图像的出现，很容易想到这就是上古所信仰诸神中的具有人性特征的"天帝"[45]。这更加说明了噩国神面纹青铜器不仅有较高的艺术价值,还有极强的科学价值和历史文化价值。动人心魄的超凡艺术性使噩国神面纹青铜器成为商周青铜器中的罕见杰作,在商周青铜器中所占的地位是非常高的。

随州,位于湖北省中部,是国家历史文化名城,其历史悠久,文化遗存丰富,有着深厚历史文化底蕴。在随州地区出土的如此精美的噩国青铜器实在令人叹为观止!

注 解

[1] 噩与"鄂"相通,在甲骨文和青铜器铭文中写作"噩",传世文献中写为"鄂",为统一起见,本文皆隶作"噩"。

[2] 湖北省博物馆:《曾侯乙墓》,文物出版社,1989年;湖北省文物考古研究所、随州市博物馆:《湖北随州市文峰塔东周墓地》,《考古》2014年第7期;湖北省文物考古研究所、随州市博物馆、随州市曾都区考古队:《随州汉东东路墓地2017年考古发掘收获》,《江汉考古》2018年第1期。

[3] 李学勤:《由新见青铜器看西周早期的鄂、曾、楚》,《文物》2010年第1期;张昌平:《论随州羊子山新出噩国青铜器》,《文物》2011年第11期;黄凤春等:《湖北随州叶家山新出西周曾国铜器及相关问题》,《文物》2011年第11期;笪浩波:《从近年出土新材料看楚国早期中心区域》,《文物》2012年第2期;郁永彬等:《随州羊子山M4出土噩国青铜器的检测分析及相关问题》,《文物》2016年第12期。

[4] 湖北省文物考古研究所、随州市博物馆:《湖北随州叶家山西周墓地发掘简报》,《文物》2011年第11期;湖北省文物考古研究所、随州市博物馆:《随州叶家山西周墓地第二次考古发掘的主要收获》,《江汉考古》2013年第3期。

[5] 李学勤:《由新见青铜器看西周早期的鄂、曾、楚》,《文物》2010年第1期;张昌平:《论随州羊子山新出噩国青铜器》,《文物》2011年第11期。

[6] 随州市博物馆:《湖北随县发现商周青铜器》,《考古》1984年第6期。

[7] 洛阳博物馆:《洛阳庞家沟五座西周墓的清理》,《文物》1972年第10期。

[8] 王少泉:《随县出土西周青铜单鋬尊》,《江汉考古》1981年S1期。

[9] 任雪莉:《从宝鸡新出亚共尊看西周特殊的具鋬铜器》,《文物世界》2013年第2期。

[10] 马承源：《记上海博物馆新收集的青铜器》，《文物》1964年第7期。
[11] 张昌平：《论随州羊子山新出噩国青铜器》，《文物》2011年第11期。
[12] 李学勤：《论周初的噩国》，《中华文史论丛》2008年第12期。
[13] 张昌平：《论随州羊子山新出噩国青铜器》，《文物》2011年第11期。
[14] 洛阳博物馆：《洛阳博物馆馆藏的几件青铜器》，《文物资料丛刊》（3），文物出版社，1980年。
[15] 李学勤：《论周初的噩国》，《中华文史论丛》2008年第12期。
[16] 马承源：《记上海博物馆新收集的青铜器》，《文物》1964年第7期。
[17] 随州市博物馆：《湖北随县安居出土青铜器》，《文物》1982年第12期。
[18] 随州市博物馆：《湖北随县安居出土青铜器》，《文物》1982年第12期。
[19] 随州市博物馆：《随州出土文物精粹》，文物出版社，2009年；深圳博物馆、随州市博物馆：《礼乐汉东——湖北随州出土周代青铜器精华》，文物出版社，2012年。
[20] 张昌平：《论随州羊子山新出噩国青铜器》，《文物》2011年第11期。
[21] 卢连成、胡智生：《宝鸡㚻国墓地》，文物出版社，1988年。
[22] 张昌平：《论随州羊子山新出噩国青铜器》，《文物》2011年第11期。
[23] 李学勤：《由新见青铜器看西周早期的鄂、曾、楚》，《文物》2010年第1期。
[24] 张昌平：《论随州羊子山新出噩国青铜器》，《文物》2011年第11期。
[25] 郁永彬等：《随州羊子山M4出土噩国青铜器的检测分析及相关问题》，《文物》2016年第12期。
[26] 深圳博物馆、随州市博物馆：《礼乐汉东——湖北随州出土周代青铜器精华》，文物出版社，2012年。
[27] 郁永彬等：《随州羊子山M4出土噩国青铜器的检测分析及相关问题》，《文物》2016年第12期。
[28] 张昌平：《论随州羊子山新出噩国青铜器》，《文物》2011年第11期。
[29] 深圳博物馆、随州市博物馆：《礼乐汉东——湖北随州出土周代青铜器精华》，文物出版社，2012年。
[30] 刘向集录，范祥雍笺证：《战国策笺证》，上海古籍出版社，2011年。
[31] （西汉）司马迁：《史记》，岳麓书社，2004年。
[32] 徐少华：《鄂国铜器及其历史地理综考》，《考古与文物》1994年第2期。
[33] 武汉大学荆楚史地与考古研究室：《随州安居遗址初次调查报告》，《江汉考古》1984年第4期；张昌平：《安居周代城址的发现及其意义》，《中国文物报》1998年8月26日，第3版。
[34] 曹淑琴：《噩器初探》，《江汉考古》1993年第2期；张昌平：《噩国与噩国铜器》，《华夏考古》1995年第1期；李学勤：《由新见青铜器看西周早期的鄂、曾、楚》，《文物》2010年第1期；张昌平：《论随州羊子山新出噩国青铜器》，《文物》2011年第11期。
[35] 曹淑琴：《噩器初探》，《江汉考古》1993年第2期。

[36] 张昌平:《论随州羊子山新出噩国青铜器》,《文物》2011年第11期。
[37] 随州市博物馆:《随州出土文物精粹》,文物出版社,2009年。
[38] 随州市博物馆:《随州出土文物精粹》,文物出版社,2009年。
[39] 随州市博物馆:《随州出土文物精粹》,文物出版社,2009年。
[40] 李学勤:《异形兽面纹卣论析》,《保利藏金》,岭南美术出版社,1999年,第357页。
[41] 保利艺术博物馆:《保利藏金》,岭南美术出版社,1999年,第101页。
[42] 张昌平:《论随州羊子山新出噩国青铜器》,《文物》2011年第11期。
[43] 李学勤:《异形兽面纹卣论析》,《保利藏金》,岭南美术出版社,1999年,第357页。
[44] 张昌平:《论随州羊子山新出噩国青铜器》,《文物》2011年第11期。
[45] 俞伟超:《"神面"卣上的人格化"天帝"图像》,《保利藏金》,岭南美术出版社,1999年,第349页。

南阳夏饷铺鄂国墓地考古记

崔本信　南阳市文物考古研究所

鄂是一个历史悠久的先秦古国，在甲骨文和金文中写作"噩"，商周时期有重要影响。传世文献中，鄂最早见于《战国策·赵策三》"秦围赵之邯郸"章："昔者，鬼侯之鄂侯、文王，纣之三公也，鬼侯有子而好，故入之于纣，纣以为恶，醢鬼侯。鄂侯争之急、辨之疾，故脯鄂侯。文王闻之，喟然而叹，故拘之于牖里之库，百日而欲舍之死。"类似记载亦见于《史记·殷本纪》和《史记·鲁仲连邹阳列传》，文本大同小异。由《战国策》与《史记》相关记载可知：噩国在商末时已存在，且地位甚高，为纣之三公之一，与西伯昌（周文王）、九侯并列，且称"侯"，这表明噩国在商代时已是一个颇有声望和实力的古国，至于噩之立国，则更当在此之前。

噩国的地位虽然很重要，尤其在商代时更是地位显赫的重要诸侯，但自商末时噩侯因为进谏纣王被杀之后，噩国不再见于史书，因而历史上的噩国面貌极不清晰，仅留下了一些地名痕迹。古噩国历经迁徙后，与湖北产生密切关系，西周时噩为南土重要诸侯，噩国灭亡后噩之地名为楚所继承，并以地名用作封君称

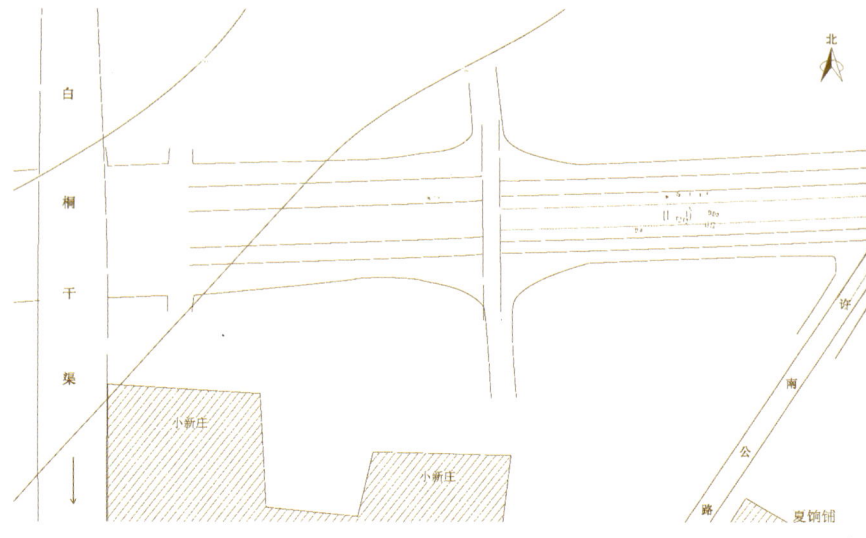

图一 南水北调夏饷铺鄂国贵族墓地位置图

号,故楚有鄂君。这些地名经历复杂的演变后,在湖北停留下来。今湖北省简称为"鄂",有鄂城、鄂州等地名,均来源于鄂这个先秦古国。宋代金石学兴起后,有关鄂国的金文资料开始出现。至近代以来,随着考古学的兴起,与鄂国有关的考古材料更是大量涌现,为研究鄂国历史、地理与文化提供了宝贵的资料,学者据此基本重建了周代鄂国的历史。2012年南阳夏饷铺鄂国墓地的发掘,考古学者终于找到从西周晚期就不见于历史文献、青铜器铭辞记载的鄂国,为鄂国研究提供了最新资料。

夏饷铺鄂国贵族墓地位于南阳市区东北10公里处,南阳新区新店乡夏饷铺村北,西距白河1.5公里的一道南北向高岗上(图一)。

其东边即为先秦时代贯通黄河、长江流域的南北要道夏路。夏路为先秦时期交通要道,在今白河东岸,向北至中原地区,向南至襄阳、荆州。墓地西100米就是南水北调另一文物点夏饷铺

图二　夏饷铺鄂国贵族墓地发掘前样貌

宋元遗址，东边500米为宋朝时期南水北调工程——襄汉漕渠（图二）。

2012年4月15日上午8点多，夏饷铺段南水北调文物巡护员在正常巡护时，发现干渠内一座古墓被盗，遂向文物部门报告。文物工作人员到达现场发现被盗古墓现场堆积了大量浮土，土中夹杂有木头、漆木器残片和一堆堆的青膏泥。他们联系现场施工方，询问情况。施工现场负责人说，早上工地值班的给他打电话，说前一天晚上有人用施工机械挖土，文物工作人员随即向南阳市公安局红泥湾分局报案。

第二天，南阳市文物工作人员到达现场，干渠两边的渠堤已经修筑得很高了，正在挖掘的渠道内，到处都是施工的工人和机器，现场热火朝天。古墓葬被盗现场一片狼藉，棺椁木头、漆木器残片、青膏泥到处都是。在周代，根据埋葬礼制，高级贵族死

图三　M16 青铜器礼器鼎、簋组合

亡埋葬时，棺椁数量是有严格规定的，一般按照木头的长短、厚薄来规定。高等级贵族墓葬陪葬的重要礼器是青铜器（图三），青铜器礼器组合是鼎、簋组合，也就是列鼎制度，远比现在制度严格得多，不小心超出制度规定就叫僭越，是杀头之罪。按照周代列鼎制度，周天子陪葬用九鼎八簋，诸侯陪葬用七鼎六簋，卿大夫、士大夫陪葬用五鼎四簋，士用三鼎两簋或者一鼎一簋。配偶随葬青铜礼器数量和男主人基本一样或稍微少点。青膏泥是一种致密的、不透水的建筑材料，其致密性甚至高于现代的水泥。其主要材料是池塘里经过百年沉积的腐殖土，夹杂其他材料，主要用于古代墓葬中。在商周两代，只要有青膏泥，一定是规模大、高等级墓葬，所以青膏泥的出现十分重要。结合商周时代漆木器比青铜器还要珍贵的情况，文物工作人员共同讨论商议后认

图四　M1 被破坏情况

定,被盗掘墓葬应为周代高等级墓葬,非常重要。工作人员一边向南阳市文广新局领导汇报,一边向省文物局汇报,并按照上级指示,向国家文物局报批组建考古队进行考古发掘。

4月17日,南阳市文物考古研究所夏饷铺考古队成立,我担任考古领队,队员王伟、郭照川、曾庆硕、姚炳彦等人分担不同的工作职责,对古墓葬周围进行大范围文物勘探,弄清墓地规模和墓葬分布情况。被盗古墓葬编为墓地的一号墓。一号墓被盗掘破坏严重,墓口遭到破坏(图四),填土上下翻腾扰乱严重,墓葬埋葬信息也遭到严重破坏。作为考古工作者,我知道从埋藏完整的古墓葬和遭到严重破坏的古墓葬中获得的信息差别是巨大的。我们考古队的几个人商定,第一期工作是先组织文物勘探,并清理被盗墓内的填土和周围的堆土。在清理过程中一定要仔

图五　M1 出土部分玉器

细，尽量用筛子过土，不漏过一件文物及残片。在我们工作期间，省市领导和专家多次到现场指导。

　　考古上有一个有趣的现象，也就是有心栽花花不开，无心插柳柳成荫，许多重要的考古发掘是无意的、很偶然的发现。当时，我们考古工作者也不知道这个被盗掘的墓地，就是中国考古界争论很久，分歧很大的古噩国墓地。经过工作人员的仔细清理和筛选，从墓内填土和乱土堆中，共清理出8件铜鼎的残器或残片、2件簠盖、2件铜方壶残盖、3件铜鬲残器、1件铜簋残片，以及一大堆铜器和车马器残片、12件残玉器（图五）。盗墓行为对一号墓的随葬器物是毁灭性的破坏，盗墓分子用的是大型施工机械挖掘，致使墓葬破坏严重。墓壁、墓口、墓底均遭到不同程度毁坏，

图六　M1 出土铜方壶盖

图七　M1 出土铜方壶盖铭文拓片

陪葬的棺椁木头到处都是，墓葬信息破坏得极其严重。盗墓分子的胆大妄为，使我们非常愤怒。根据墓葬的规制和青铜器上的铭文推断，一号墓是西周晚期到春秋早期噩侯夫人的墓葬。

一号墓主人噩侯夫人的身份判定历经一波三折。在清理破坏的墓内填土中，首先清理出两件青铜方壶壶盖残片（图六），残片上刻有铭文。经过释读，铭文为"养□伯作宝壶，其万年子子孙孙永宝用享"（图七）。根据养伯壶壶盖残片判断，青铜方壶形制巨大，应高五六十厘米，无锈蚀，黑漆古，表面都有纹饰，做工精美。省文物鉴定成员一致认为，如果没有遭到破坏，一定是国宝级别的文物。我最初认为，一号墓主人应是养伯，大家也非常高兴。养国在商周时期也是一个重要的诸侯国，早期是在黄河流域一带，后因战争或政治原因，屡次迁徙，最终在春秋时期灭于楚国。但是灭国并没有灭祀，也就是说养国灭亡后，军队、民众、土地归属楚国，养国国君等一班贵族称号没有被取消，被封在现桐柏县月河镇一带，仍称为养国，保留祭祀祖先的权力。当时国之大事，在祀与戎，继续保持身份和太庙祭祀，在周代是霸主灭国后常用的伎俩。近年来，西周时期的养太史尊等养器曾陆续被发现。河南省文物考古研究院、南阳市文物考古研究所在桐柏县月河一带发掘的养国墓葬，曾出土一大批珍贵文物。其中南阳市文物考古研究所1993年发掘的养子伯受墓葬，出土了大量青铜器和几百件精美玉器，在世界考古界和艺术界影响很大。而在慢慢清理一号墓后，我们发现了6件铜鼎、3件铜鬲、2件铜簋，上面都有"噩侯夫人"铭文，这时候才确定一号墓是西周晚期到春秋早期一代噩侯夫人墓葬。

噩国在历史上是一个重要古国。在商代，噩侯是商王朝的重臣，位居三公，权倾一时。到了商朝末年，又成为了周的重要联盟之一，举起讨商大旗，推翻了商王朝的统治，参与了周王朝的建立。噩国在历史文献上记载很少。根据出土器物来看，噩国为姞姓，和周王朝的姬姓是姻亲与联盟，很为周王朝看重。西周早期，周王朝把噩国从山西一带封到了南方。周代的南土，即汉水与淮河之间，包括现在的南阳、驻马店南部、信阳、襄阳、随州等地区。这里地理位置和军事位置非常重要，是保卫周王朝南部疆域，与楚国、南夷、淮夷进行战争的军事据点。21世纪初，在湖北随州发掘出西周早期噩国青铜器，考古专家由此认为噩国的封地在今湖北随州，使历史上湖北南鄂与南阳西鄂的争论有了定论。那时出土的西周中期噩侯驭方鼎铭文记载，西周中期，周天子征伐南夷、淮夷时经过噩国，曾与驭方在一起饮酒与玩乐，关系非常亲密。但在不久之后，噩侯驭方联合南夷、淮夷起兵谋反，周王朝派出军队镇压这次叛乱。根据收藏在中国国家博物馆与陕西历史博物馆中的两件禹鼎铭文考释，一个名为"禹"的贵族当时参加了平乱战争，功劳巨大，受到周王赏封，特铸鼎铭功。铭文记载说战争最后抓获了噩侯驭方，"无遗寿幼"，指将噩国老老小小全部杀死，意思非常明白。如今在南阳夏饷铺发现噩国墓地，出土了这么多带"噩侯""噩姜""噩叔""噩"的铭文的铜器，改变了考古专家学者的认识。南阳夏饷铺噩侯夫人墓葬的发现，对考古专家学者是一个巨大的震动。著名考古专家学者徐少华、黄凤春、贾连敏、胡永庆等，纷纷来到南阳进行考察。徐少华教授笑着对我说："多么有意思的一件事，考古发现又一次戏弄了我们这些所谓的专家学者。"一次次的考古发现，使我们一次又一次慢慢弄清历史的真相，离真正的历史事实越来越近了。

经过紧张而仔细的清理工作，我们发现一号墓被盗掘到底，古墓和文物遭到毁灭性破坏。一号墓为竖穴土坑墓，有大型木质棺椁，椁是用方木砌成，外面有青膏泥。墓口南北长6.4米，宽5.3米，深7米左右。噩侯夫人去世后，噩国组织人力挖一个规模巨大的墓穴，先在坑底铺上30厘米厚的青膏泥，然后用方木砌成底和前后左右椁板，放入墓主人的棺木，再放入青铜器、玉器、漆木器等陪葬品，最后盖上椁盖，填上青膏泥和土，这就是当时埋葬的方法。

经过对干渠内一号墓周围的文物勘探，我们发现这是一处早期墓葬群，共发现22座墓葬，分布在一号墓周围，排列有一定布

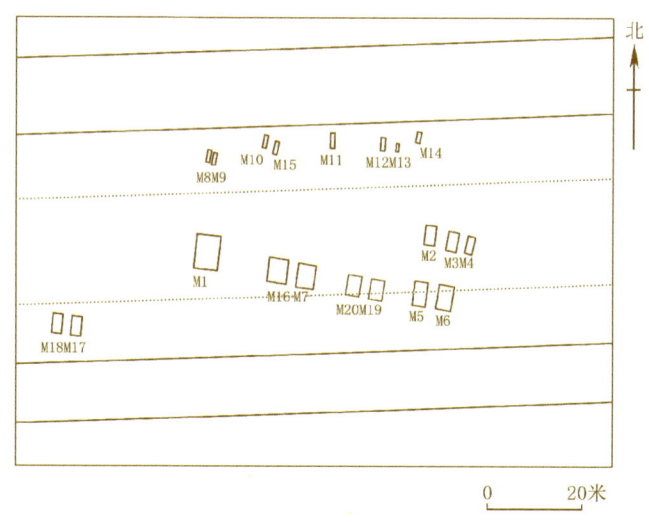

图八　夏饷铺鄳国墓地墓葬分布图

局,非常有序,共分三排,一号墓在中间一排西部。南边还有一排,压在干渠南堤下,面积较大(图八)。

2012年6月初,我们向国家文物局申请的夏饷铺鄳国贵族墓地考古执照已经下来。考古执照号为2012年第297号,表示这次考古发掘的合法资格已经获得。经过前期的清理和勘探,我们反复和省文物局、省考古院进行商量,拿出了一个详尽的发掘方案。随后各种专业技术人员到位,各尽其职,各负其责。考古现场出土的青铜器、漆木器等文物被移入室内,进行文物保护、修复。发掘现场增加了文物保护专家和安全保卫人员,确保考古发掘安全与文物安全,并和南阳市公安局红泥湾分局随时保持联系,加强考古发掘现场的文物安全防护。

考古发掘工作有条不紊地进行。到7月中旬时,炎热的天气和频繁的雨水给考古工作带来很多麻烦和困难。墓葬深度大多

图九　M6 编钟出土情况

在8米左右。当地又是膨胀土,特别容易塌方。而且南水北调干渠施工任务紧,省、市南水北调办公室一次又一次催促,压力特别大。但考虑到工作的特殊性,我们只有赶时间、赶工期。考古工作队几个人在一起,反复商量发掘方案,集中所有精力,利用一切时间,一点也不能放松。南水北调是国家大事,大家努力工作,饭也吃不好,觉也睡不好,无论是老同志还是年轻同志,个人事情都牺牲了很多。有的同志身体不好,有高血压和心脏病,吃点药、输点水,仍在继续工作。

五号墓和六号墓是一代噩侯和夫人噩姜的墓葬,压在干渠南堤下,位于墓地的南边一排。六号墓为噩侯墓,为大型竖穴木椁墓,墓口南北长6.0米,东西宽5.0米,深8.5米,四周及墓底青膏泥厚0.8米左右。六号墓在历史上多次被盗掘,此次出土器物有铜器、玉器、漆木器等(图九)。青铜器种类有鼎、簋、方彝等

图一〇　M6 编钟拓片　　　图一一　M6 出土编钟

图一二　M6 出土带木柄青铜戈

各1件；觯、鹤首各1件；铜编钟1套6件，上有"䥊侯"铭文（图一〇、图一一）；铜铃钟1套5件，铜铃1套9件；还有铜车马饰。出土的还有3件带木柄青铜戈（图一二），2件带柄铜策，2件高约1.3米的木俑。这座墓葬出土的许多珍贵文物，不仅在南阳，在河南乃至全国也是第一次：出土的簋、盒等漆器也是全国最早的。五

号墓是噩姜墓，出土有铜鼎、簋、簠、鬲、盘、匜等，其中簠、鬲上均有"噩姜"铭文。

现在回过头想，五号、六号两座墓葬发掘时最费事，也最危险。墓葬非常深，发掘时经常发生塌方，我们想方法，用大量的钢管、支板、支架加固墓葬周围，确保工地人员和文物的安全。五号墓、六号墓自身就有8米多深，加上干渠堤深10多米，时逢夏季雨水多，安全隐患特别大。7月中旬的一个晚上，天气预报说有暴雨，我们30多人一起行动，加盖雨布，墓口周围堆土全部移走，并在五号墓、六号墓周围挖排水沟，力争万无一失。工地所有考古队员和安全保卫人员一直在现场。随后暴雨倾盆而下，雨水排不及，我们在电闪雷鸣中加固墓口和排水（图一三）。到暴雨停止，大家你看看我，我看看你，人人身上都是泥水，没有一点干净的地方，一副落汤鸡的样子，不禁哈哈大笑。吃晚饭时已经凌晨3点了。

图一三 雨后的 M6 发掘现场

五号墓、六号墓发掘结束后，转入室内整理和保护工作。六号墓出土的两件木俑（图一四、图一五）和一批漆器非常珍贵，我和荆州市文物保护中心主任吴顺清联系，请教如何保护这批漆木器。国家文物局丝绸和漆木器保护重点实验室就设在荆州市文物保护中心。我和王伟商量，决定先用老方法进行保护。漆器、木器形体大，南阳市没有那么大的器皿，王伟、田明在南阳市老城区找到老工匠，手工打制铁皮长箱，用来盛放漆木器。两个人设计的器物箱，得到了荆州市文物保护中心的称赞。

随后又陆续发掘出两代鄾侯及其配偶的墓葬（图一六、图

图一四　M6出土木俑情况

图一五　M6出土木俑保护后情况

一七），出土了一大批珍贵的文物，有100多件青铜器（图一八、图一九），其中30多件器物上带有铭文。夏饷铺鄾国贵族墓地的发现与发掘，具有重要的学术意义。

首先，改变了对鄾国及鄾国历史的传统认识。M1（即一号墓，以下类推）、M5、M6、M16、M19、M20等墓葬出土青铜器上，有"鄾侯""鄾侯夫人""鄾叔""鄾"的铭文（图二○）。从墓葬大小、结构、距离看，M1为鄾侯夫人墓，M5、M6、M7、M16、M19、M20三组为异穴夫妻合葬墓。这样看来，夏饷铺鄾国贵族墓地至少有四代鄾侯在此埋葬，这对研究西周晚期到春秋早期鄾国地望、

图一六　M16 器物出土情况局部图

图一七　M19 器物出土情况局部图

图一八　M16出土盘匜

图一九　M16出土铜翣

图二〇　青铜鼎口沿内壁上的铭文

鄂国历史以及鄂、养、鄀、卫诸古国关系等系列学术问题,提供了弥足珍贵的实物资料。

其次,对西周晚期到春秋早期的鄂国研究产生重大突破。从"鄂侯驭方鼎""鬲鼎"铭文研究,鄂于西周晚期被周王朝灭掉。为填补鄂灭后周王朝屏藩南土的需要,周王封两个舅父在南阳为申、吕之国。从夏饷铺鄂国墓地的发现与发掘看,西周晚期到春秋早期,鄂国仍然存在于南阳,应是周王朝灭鄂国后,把鄂国王族置于周王朝统治范围内。

再次,初步判断M5、M6在墓地范围内时代应为最早的,其时代初步推断为西周晚期晚段。鄂国在西周中晚期被周王朝灭掉,到M5、M6这个时代中间有缺环,此次考古发掘对解决这个问题有重要价值。

同时,夏饷铺鄂国贵族墓地是建国以来南阳市首次发现高等级贵族墓地,规格和规模在南阳盆地都是第一次发现,这对研究南阳周代的历史有着重大的意义。2013年2月,夏饷铺鄂国墓地考古项目，获河南省2012年度考古新发现，并入围2012年度中国十大考古新发现终评名单。2013年3月，国家文物局召开2012年度中国十大考古新发现会议，我代表考古项目组在会上进行汇报。2013年下半年来，中央电视台对夏饷铺鄂国墓地考古项目进行录制，并在《探索与发现》栏目播出，再次引起轰动。

嚣侯钟 / 西周晚期
2012-2014 年南阳夏饷铺 6 号墓出土

噩国铜器组合之变与周代铜礼器的统一

常怀颖　中国社会科学院考古研究所

噩国是西周王朝在南土边地的姞姓大国，至迟在西周早期就已在现在的江汉平原北部地区立国。对于噩国的历史和兴起，前人研究众多[1]，意见也有不同。但所有学者都公认的事实是，噩国对周王朝在南方的经略至关重要。无论是从山西迁至江汉地区，还是噩国历来就在南方[2]，噩国在两周时期主要活动于今豫南、鄂北地区，与淮夷诸国相邻，是周王朝南境的大国，是学术界所同意的。

噩国时叛时服，影响着周王朝在南方统治的政策导向。周初到西周中期时，噩国似乎与周王朝关系较好，是周王朝控制南方的重要力量或者助手。厉王时期有噩侯驭方鼎（图一），其铭文云："王南征伐角，𤔲唯还自征，才（在）𤔲，噩侯驭方内（纳）豊（醴）于王，王乃祼之。"王南征后回到伾地，噩侯驭方去朝觐王，还向王献酒，说明一直到西周中期，噩国都与周王朝保持着比较密切的关系。但西周晚期厉王时噩国带领淮夷反叛，又令周王朝处于十分困难的境地。因此，在禹鼎中提及"伐噩侯驭方，无遗寿幼"，赶尽杀绝的天子之怒在铭文中表露无疑。但这件事

图一　噩侯驭方鼎　　　　　　　图二　噩侯弟尊

也同时反映出噩国的强大和地区领导的地位。

噩国地理位置居于周王朝南土前线，国力一度也十分强大，能成为南、淮夷的领袖，以其为线索，观察噩国物质文化面貌的特征，及其与周王朝的物质文化的接近程度，是了解西周国家经略和人群认同的上佳个案。而在所有物质文化品中，青铜器的使用，无疑又最具代表性。对噩国铜器面貌的整理，实在是十分重要的学术问题。

噩国铜器20世纪70年代以前以传世品为主，经过考古发掘成组合的不多，但诚如张昌平所说："噩国铜器现在所知虽不过数件，但其年代从西周早期到晚期俨然成序"。[3]进入21世纪后，借助安居羊子山、南阳夏饷铺墓地的发现，结合既往传世铜器，可将噩国铜器自西周早期开始，断续成线，延至春秋早中期之际。在此基础上，已初步具备勾勒噩国铜器特点的条件。由于我所受训练的局限，总觉得相较于单件铜器纹饰风格的艺术史观察，从铜器的组合、器类和器物数量的差异角度进行比较，更能发现铜器使用中的"大概率"现象。有鉴于此，本文不揣鄙陋，试图从噩国铜器组合的历史性变化进行观察，以总结噩国这样一个跌宕起伏、充满故事感国家的器用制度变迁。需要说明的是，本文讨论的铜器，以科学考古发掘所获为主。

一、噩国铜器的发现情况

目前确知噩国铜器经考古发现者有如下两批：

（一）随州安居羊子山

▶ 1975 年

随州安居羊子山出土四件青铜器[4]。鼎、簋、尊、爵各一件，尊和簋出土时在一起，尊为单鋬尊，形制较特殊。其中尊（图二）有铭文"噩侯弟厉季乍（作）旅彝"。从器物特征看，这些器物年代在西周早期。这批铜器当出自墓葬。

▶ 1980 年

安居羊子山发现一座墓葬，编号 M1，经抢救性发掘后确认，该墓墓口南北长 3.15 米、东西宽 2.1 米。有棺椁，棺椁下铺朱砂，填土中有"白膏泥"。出土青铜礼器有圆鼎、簋、爵、尊、觯各 1 件，卣 2 件。这批器物从器型、纹饰看，年代稍晚，可能进入西周中期。[5]

图三　2007 羊子山 M4 器物群

▶ 2007 年

发现的 M4 是由农民生产中发现,随州市文物部门进行了抢救性发掘,但墓葬未来得及发掘就遭破坏,因此结构不详。在抢救清理中获得青铜礼器 27 件。计有方鼎 3、圆鼎 4、甗 1、四耳双座簋 1、双耳方座簋 1、圈足簋 2、爵 3、斝 1、觯 1、尊 2、卣 4、方罍 1、圆罍 1、盘 1、盉 1。[6] 方鼎铭文为"噩仲作宝尊彝",方罍铭文为"噩侯作厥宝尊彝",圆罍、卣、盘铭文为"噩侯作旅彝"。以上噩侯青铜器的年代一致,铭文风格相同,应为同一噩侯所作。这一批器物制作精美,特别是一组神面纹铜器纹饰极其夸张。该墓墓主应为一代噩侯,墓葬年代在西周早期。《随州出土文物精粹》(下文简称"《随精》")发表了其中 20 件。分别是方鼎 2、圆鼎 1、甗 1、簋

3、爵3、斝1、觯1、卣2、觚形尊2、方罍1、圆罍1、盘1、盉1。2011年湖北省博物馆展出了其中的青铜器尊、卣、方罍、圆罍、方鼎、方座簋各1件。其中方罍盖内铭文行款与《随精》第35器方罍异，方鼎盖内铭文与《随精》第74器方鼎盖内铭文不同，故知这两件是新发表的[7]。《礼乐汉东》则进一步公布了其中23件青铜器的影像资料（图三）。[8]这批器物中的方罍、卣、圆罍、盘等铭有噩侯字样，故推定其为噩侯墓葬，但其中也有数件铜器可能来自其他小国。

安居羊子山墓地这三次发现的墓葬均属于西周早期或早中期之际。该墓地当为此时期的噩国公族墓地。

（二）南阳新店夏饷铺

2012年，南阳市文物考古研究所在南阳宛城区新店镇夏饷铺村南水北调中线干渠北段施工中发现一处西周晚期至春秋早期的墓地，共发现属于西周晚期至春秋早期的墓葬80座，陪葬坑1座。从现有发表材料看，这批墓葬可能皆为长方形竖穴，南北向。在80余座墓葬中，可能有三代鄂侯和四位鄂侯夫人埋葬在该墓地中。这7座墓葬居于墓地中部，东西一字排开。

▶ **M1 鄂侯夫人墓**

M1在此排墓葬最西侧，为鄂侯夫人墓，墓葬遭盗扰，器物组合不全。墓室长6.4米，宽5.3米，有木棺椁，至少为一棺一椁，墓内椁外填有青膏泥。出土文物48件，其中铜器36件，包括青铜鼎7、簋盖2、簋2、鬲3、壶方盖1、盘1、匜1，车

图四　夏饷铺噩侯作夫人行鼎（M1：6）

马器及棺饰若干。其中铜鼎7件，5件列鼎上有"噩侯乍（作）夫人行鼎"的铭文（图四），铜簋、铜鬲上也有类似铭文。[9]铜方壶盖铭文为"养□伯作宝壶，其万年子子孙孙永宝用享"。M1的东侧尚有2座没有发掘的墓葬，距离很近，墓葬形制较大，其中一座的主人可能是和鄂侯夫人并穴埋葬的鄂侯。

▶ M7、M16 噩侯夫妇墓

M1东侧有一组并穴合葬的鄂侯夫妇墓编号为M7、M16。M7被盗扰，墓室长5.1米，宽3.4米，葬具为一棺一椁。该墓虽然被盗，但仍出土青铜器、玉器、漆木器等三百余件，其中铜器303件，未见铜礼器，仅余兵器和车马器。

图五　夏饷铺 M20 噩姜簋

M16 在 M7 东侧,未被盗扰,墓室长 4.8 米,宽 3.5 米,葬具为一棺一椁。该墓出土青铜器、玉器、漆木器等 141 件。其中铜器 134 件,包括鼎 3、甗 4、簋 4、圆壶 2、盘 1、匜 1,棺饰 119 件,其中有 4 件铜翣。三件铜鼎非一套,其中两件为 S 形窃曲纹半球腹鼎,大小相次,另一件 C 形窃曲纹鼎,有"噩伯"铭文,铜壶铭文有"噩侯作孟姬媵壶",玉器 5 件。发掘者认为以上二墓为一组并穴合葬鄂侯夫妇墓,其中 M7 为鄂侯墓。[10]

▶ M19、M20 噩侯夫妇墓

M7 与 M16 东侧有一组并穴合葬的鄂侯夫妇墓编号为 M19、M20。

M19 位于 M5 西侧约 5 米处，盗扰严重，长 4.9 米，宽 3.3 米，葬具为一棺一椁，该墓出土随葬品 232 件，铜器 223 件，包括鼎 2、簋 4、圆壶 2、盘 1、匜 1，其中铜壶上有"噩侯作孟姬媵壶"铭文，铜匜上有铭文，但漫漶不清。墓葬随葬车马器 210 件。

M20 在 M19 之西，二者相距 1 米，长 3.6 米，宽 2.3 米，也为一棺一椁之墓，出土铜鼎 3、簋 4、簠 1、盘 1、匜 1，其中鼎簠盘盉皆为明器，铜簋（图五）上有"噩姜作宝"铭文。该墓还随葬有玉器和玛瑙器 62 件。[11] 发掘者认为，M19 为噩侯墓，M20 为其夫人墓。

▶ **M5、M6 噩侯夫妇墓**

M5、M6 在 M20、M19 组之东，为另一组并穴合葬的鄂侯夫妇墓。M6 被盗扰，墓室长 6.1 米，宽 4.7 米，有木棺椁，可能为一棺一椁，椁外有青膏泥。该墓虽然被盗，但仍出土青铜器、玉器、漆木器等五百余件。其中铜器 529 件，包括鼎 1、尊 1、簋 1、簋盖 1、方彝 1、觯 1、钮钟一套 6 件、銮铃、辖、马镳、戈等青铜车马器和兵器。铜编钟上有"噩侯作"铭文。

M5 位置与 M6 并列，相距 3 米。墓室长 4.4 米，宽 3.1 米，一棺一椁，墓内椁外填有青膏泥。该墓被盗扰，出土青铜器、玉器、漆木器等 36 件，其中铜器 17 件，包括鼎 2、鬲 2、簋 2、簠 2、盘 1、盉 1，其中 2 件铜鬲和 2 件铜簠上有"噩姜"铭文，铜鬲（图六）铭文为"噩姜作羞鬲"，铜簠铭文为"噩姜作旅瑚"。铜容器中，铜鼎、铜簋、铜盘盉皆为明器。墓葬另有铜削刀 5 件，棺饰与铜铃若干，未见车马器。[12] 发掘者认为 M6 是一代噩侯，M5 是其夫人。

图六 夏饷铺 M5 噩姜鬲（两件）

因此该墓地至少是三代噩国公室的墓地，埋葬规律为夫妻并穴合葬，夫人墓在西，噩侯在东。

从现有材料看，安居羊子山噩国墓地始于西周早期，最迟延续到西周早中期之际。而南阳夏饷铺噩国墓地为西周晚期至春秋早期。两墓地间存在明显的年代缺环。

除了科学发掘的铜器外，传世或零星发现的噩国铜器还有如下几件。

▶ **噩叔簋**

噩叔簋，铭文为"噩叔乍宝尊彝"（图七）。[13]该簋为方座四耳簋，四兽耳下皆有垂珥，方座饰鸟纹，高圈足饰饕餮纹，形制接近天亡簋。年代当在西周早期。

▶ **噩季簋**

噩季簋，铭文为"噩季奞父乍宝尊彝"。[14]失盖，敛口，双耳顶部有兽首，耳下有垂珥，口沿下有细密的雷纹。年代当在西周早期。

▶ **厝季卣**

厝季卣，铭文为"噩叔弟厝季乍旅彝"。[15]该器为上海博物馆收藏，形制奇特。卣盖上有椭方形钮，器体肩部的长边设两环钮，但无提梁，一侧长边下腹设一兽首錾。盖面、器身与圈足上仅有数道弦纹。此类形制似在商周时期为孤例。由于该器与1975年羊子山发现的带錾铜尊铭文相同，又有相同风格的錾手，不排除为一组甚至一墓的配组器物。

图七 量叔簋

图八 a 噩监簋

图八 b 恒父簋

图八 c　石鼓山 M4 圆腹鸟纹簋

▶ 厝季簋

厝季簋，铭文为"噩侯弟厝季乍旅彝"。[16] 失盖，敛口，体侧有半环形耳，斜直腹部略垂，有圈足。此器形近亚其簋，年代当在西周中期晚段。

▶ 噩侯簋

噩侯簋，铭文为"噩侯乍王姞媵簋，王姞其万年子子孙永宝"。[17] 至少有三件保存在台北故宫博物院。曹淑琴提到噩侯作王姞簋为四件，但不知所据。敛口，圈足，体侧有双环耳，耳上有带螺髻角的兽首。此类铜簋在西周晚期较为常见。

▶ 噩侯驭方鼎

噩侯驭方鼎。[18] 立耳圆鼎，颈饰一周斜角夔纹，深直腹。该器研究者较多，为西周晚期厉王时器。

▶ 噩监簋

噩监簋。该簋2013年入藏中国国家博物馆（图八a）。铭文为"噩监作父辛宝彝"，敛口，圆鼓腹圜底，盖面隆起有圈足捉手，捉手底部有对穿的穿孔，腹有双环耳，耳上有兽首，耳下有方钩珥，圈足较高，斜直。盖面与颈下有细菱格纹，前后各有一浅浮雕貘首。[19] 此类铜簋，与小屯西地发现的大丙簋[20]、洪洞永凝堡西周墓的恒父簋（图八b）[21]、石鼓山M4八号龛的圆腹鸟纹簋[22]（图八c）形体相同。嗣后，吴振烽、黄锦前等提及还有藏于私人藏家的噩监簋，虽然铭文完全相同，但未知与国博藏器是否确为一组。[23] 该器为西周早期。

除了以上七件器物之外，还有著录于薛尚功《历代钟鼎彝器款识法帖》中的噩䩗弔尊，铭文为"噩䩗弔乍宝尊"。该器为西周早期铜器。

二、西周早期噩国一般贵族铜器组合的特点

噩国贵族墓多非主动性科学发掘，加之墓葬多被盗扰，因此噩国贵族墓的铜器组合多不完整。但即便不完整，也大略可窥噩器的组合规律（表一）。

表一　噩国贵族墓葬随葬铜容器、乐器概况

墓号	面积 m²	年代	墓主	青铜容器			乐器	备注
				炊、食器	酒器	水器		
75羊子山M1	?	西周早中期之际	?	鼎1、簋1	爵1、尊1			爵铭"鱼父乙"、尊铭"噩侯弟厝季乍（作）旅彝"
07羊子山M4	?	西周早期	鄂侯?	方鼎3、圆鼎4、簋4、甗1	卣4、爵3、尊2、方罍1、圆罍2、觯1、斝1	盘1、盉1		圆鼎铭"噩侯作宝尊彝"、带盖方鼎铭"噩仲作宝尊彝"、无盖方鼎铭"宁父作宝尊彝"、方罍铭"噩侯作厥宝尊彝"、圆罍、卣、盘、尊铭"噩侯作旅彝"、四耳簋铭作"□作宝尊彝"、甗铭"甲□"、觯铭"子"
80羊子山M1	6	西周中期	?	鼎1、簋1	尊1、觯1、爵1、卣2			爵铭"父辛"
夏饷铺M5	13.64	西周晚期	噩侯夫人	鼎2、鬲2、簋2、簠2		盘1、盉1		鬲铭"噩姜作羞鬲"、簠铭"噩姜作旅簠"

墓号	面积 m²	年代	墓主	青铜容器			乐器	备注
				炊、食器	酒器	水器		
夏饷铺M6	28.67	西周晚期	噩侯	鼎1、簋1、簋盖1	觯1、尊1、方彝1		钮钟6（成一套）	被盗，钟铭"噩侯乍"
夏饷铺M19	16.17	春秋早期	噩侯	鼎2、簋4	圆壶2	盘1、匜1		被盗
夏饷铺M20	14.08	春秋早期	噩侯夫人	鼎3、簋4、簠1		盘1、盂1		簋铭"噩姜作宝"
夏饷铺M7	17.34	春秋早期	噩侯					被盗
夏饷铺M16	16.8	春秋早期	噩侯夫人	鼎3、鬲4、簋4	圆壶2	盘1、匜1		铜翣4、大量棺罩饰、鼎壶盘有铭"噩侯……"
夏饷铺M1	34.98	春秋早期	噩侯夫人	鼎7、鬲3、簋盖2、簠2	方壶2	盘1、匜1		被盗

1975年随州安居羊子山墓葬和1980年羊子山墓葬出土的噩国铜器，年代虽有先后差别，但基本上都是西周早期晚段至西周早中期之际的墓葬，年代较为接近，都以鼎、簋、尊、爵各一。前文已述及，该墓所见的带銴尊与上海博物馆藏的带銴噩侯弟厝季卣铭文、造型相同，很可能就是一组相互配组的器物（图九）。如将噩侯弟厝季卣与1975羊子山M1的器物视为一组，则该墓的铜器组合接近一个西周早期小型贵族墓的铜器组合。羊子山M1中，未见与铜爵相配的觚或觯，而与铜尊相配的铜卣，可能就是入藏于上海博物馆的同铭卣。虽然该墓目前的组合中缺少觚或觯，但如果该墓尊、卣俱全，则该墓的铜器完整配组，很可能是一鼎一簋，配组一尊一卣和一套觚爵。由

图九 羊子山 M1 噩侯弟尊与上博藏噩侯弟卣

此,似乎亦可反推1975羊子山M1的墓口面积当不会超过8平方米,是一个中小型的贵族墓。

在西周早期,以一鼎一簋为基础,配组酒器的中下等级贵族墓葬,有多个墓例。比如,西周都城附近的76扶风云塘M20[24]、1961长安张家坡M106[25]、沣河铁路桥西M15[26]、洛阳北窑"登"墓[27]等墓。同时期各诸侯国,也有一些这样等级的铜器墓,比如竹园沟M8[28]、浚县辛村M60[29]、平顶山滍阳岭M242[30]、曲村邦墓M6214[31]和前掌大M21[32]等墓葬(表二)。

这些墓口面积在8平方米以内、以一鼎一簋为作为铜礼器基础的墓葬,有一定共性,他们全部不见水器,既没有盘盉随葬,也皆无乐器随葬。个别墓葬在炊食器中会加配一件鬲或甗,酒器中一般只有一套觚爵,尊卣相配也多为一尊一卣,极个别墓葬

表二 西周早期噩国与同时期诸侯国中下层贵族墓葬随葬铜容、乐器对比

墓号	面积 m²	年代	墓主	青铜容器			乐器	备注
				炊、食器	酒器	水器		
75羊子山M1	?	西周早期	?	鼎1、簋1	爵1、尊1			爵铭"鱼父乙"、尊铭"噩侯弟厉季乍（作）旅彝"，传世有与尊同铭的卣
76云塘M20	6.1	西周早期		鼎1、鬲1、簋1	爵2、尊1、卣1			
61张家坡M106	5.8	西周早期		鼎1、簋1	爵1、觚1、觯1、尊1			
沣河铁路桥西M15	5.4	西周早期		鼎1、簋1	爵1、觚1、尊1			
北窑"登"墓	3.9	西周早期	男	鼎1、簋1	斝1、爵2、觚1、觯1、尊1、卣1			
竹园沟M8	5.76	西周早期	男	鼎1、簋1	爵1、觯1、尊1、卣2			漆罍1
辛村M60	?	西周早期		鼎1、簋1、甗1	爵1、尊1、卣1			
浚阳岭M242	5.31	西周早期	无，M232庶子	鼎2、簋2	爵1、觯2、尊1、卣1			无鼎、柞伯簋
曲村M6214	7.3	西周早期	女	鼎2、鬲1、甗1、簋2	觯1、尊1、卣1			
前掌大M21	5.7	西周早期		鼎1、簋1	斝1、爵3、觚3、角1、觯2、尊1、卣1、铜箍木壶1			殉狗1
叶家山M8	7.92	西周早期	男性	鼎1、簋1	爵1、觯1、尊1			
叶家山M55	4.64	西周早期	男性	鼎1、簋1	爵1、觯1、尊1			
80羊子山M1	6	西周中期	男性?	鼎1、簋1	爵1、觯1、尊1、卣2			爵铭"父辛"

如竹园沟M8为一尊二卣。这个级别的墓葬中，北窑"登"墓和前掌大M21较为特别。"登"墓为2套觚（觯）爵加一件铜斝；前掌大M21不但拥有3套觚爵，酒器组合中还加配有1角2觯1斝和一个木胎铜壶，酒器组合的丰沛程度，与其他墓葬相比，明显更甚。

如果更进一步细分，辛村M60、溢阳岭M242、曲村M6214三墓分属卫、应、晋三个姬姓诸侯国的中下层贵族，酒器与噩国贵族相近，炊食器的组合中则都多增加甗或鬲。而确定墓葬设腰坑且有殉狗，墓主与殷遗民关系密切的前掌大M21、北窑"登"墓，炊食器组合与同时期噩国贵族相近，但酒礼器却明显较噩国贵族墓葬为多。

与同属西周王朝早期南方前线的重要诸侯国曾国相比，同时期羊子山M1的随葬铜器组合可能略多于同样以1鼎1簋配组的叶家山曾国墓地M8、M55[33]。

实际上，在西周早期，曾国与噩国相邻。"安州六器"之一的中甗记载昭王南征，令中先行，行进停歇之处即有"噩师"；静方鼎中也记载王令静"司在曾、噩师"（图一〇）。这些同时期的铭文说明曾、噩两国同为周王朝经略南境的重要军事、政治力量。但以几乎同等级的中下层贵族相比，噩国贵族的随葬铜器组合，似乎较曾国贵族至少会增加一件铜卣，如果以80羊子山M1而论，甚至可能多两件铜卣。

如此，似乎在同一时期，姞姓噩国中下层贵族基本上遵循着姬姓贵族同样的炊食器随葬铜器组合，但酒礼器组合则要略高于姬姓贵族，更接近非姬姓甚至于殷遗民贵族。

图一〇　静方鼎及铭文

三、西周早期噩侯铜器组合的特点

如果观察西周早中期的噩侯墓葬，则上述在一般贵族中出现的现象更加突出。2004年羊子山M4学术界比较一致的意见是该墓是一座西周早期的噩国国君墓葬。虽然不是科学发掘，抢救出的铜器组合未必完整，但即便从现有铜器组合来看，该墓仍与同时期的诸侯国侯级墓葬的铜器组合有一定的差别。

考古发现的西周时期诸侯国较多，无论属于诸侯国还是采邑君长，西周早期到早中期之际的侯、伯一级的墓葬材料最为丰富。在这些材料中，姬姓诸侯国以北赵晋侯墓地M114与M9组[34]、叶家山曾侯墓地M65、M28和M111三座侯墓[35]为代表；殷遗民国君或采邑君长墓葬可以太清宫M1[36]为代表；关中畿内及关中西部地区君长如纸坊头M1，竹园沟M13与M7，茹家庄M1与M2"强国"墓葬[37]，石鼓山M3与M4"户氏"首领[38]，白草坡M1"㵎伯"墓与M2"㝬伯"墓[39]，高家堡M4"戈"族首领墓[40]；关东非姬姓诸侯国可以大河口M1"霸伯"墓葬[41]为代表。上述材料中虽然姬姓国君墓发现较少，且多被盗，但较多非姬姓国君及其配偶的墓葬，恰可与羊子山M4进行对比，在比较中认识噩国君主的铜器组合特点(表三)。

表三　西周早期噩国与同时期侯墓随葬铜容、乐器对比

墓号	面积m²	年代	墓主	青铜容器			乐器	备注
				炊、食器	酒器	水器		
07羊子山M4	?	西周早期	鄂侯?	带盖方鼎2、方鼎1、圆鼎4、四耳方座簋1、双耳方座簋1、双耳簋1、甗1	斝1、爵3、觯1、卣4、尊2、方罍1、圆罍1	盘1、盂1		圆鼎铭"噩侯作宝尊彝"、带盖方鼎铭"噩仲作宝尊彝"、无盖方鼎铭"宁父作宝尊彝"、方罍铭"噩侯作厥宝尊彝"、圆罍、卣、盘、尊铭"噩侯作旅彝"、四耳簋铭作"□作宝尊彝"、甗铭"甲□"觯铭"子"
北赵M114	甲字形竖穴土坑墓基口 5.5×4.3	西周早期	晋侯燮父	方鼎2、甗1、簋1	觯1、鸟尊1、卣1	盘1		殉车4，殉人1，殉狗2，被盗
北赵M113	甲字形竖穴土坑墓基口 4.2×3.2	西周早期	燮父夫人	鼎8(至少方2圆2)、甗1、簋6	猪尊1、卣2			殉车1，被盗
北赵M9	甲字形竖穴土坑墓	西周早期	武侯宁族	鼎7簋(?)	斝(?)、爵1、觯1、壶1、尊卣(至少各1)	盂1	甬钟4	双合方鼎1、温鼎1、罐1，殉车7

墓号	面积m²	年代	墓主	青铜容器			乐器	备注
				炊、食器	酒器	水器		
北赵M13	甲字形竖穴土坑墓	西周早期	宁族夫人	鼎5、甗1、簋4、盨1	觯1、小壶1	盘1		殉小车1
叶家山M65	5×3.6	西周早期	曾侯谏	方鼎1、分裆鼎1、扁足圆鼎1、柱足圆鼎4、鬲1、甗1、簋4、匕1	爵2、觯1、尊1、卣1、壶1、漆铜釦壶1	盘1、盉1		殉车
叶家山M28	7.4×6	西周早期	曾侯	方鼎3、分裆鼎2、柱足圆鼎2、鬲1、甗1、簋4、匕1	尊2、卣2、爵2、觚1、觯1、罍1、壶1	盘1、盉1		殉车
叶家山M111	甲字形竖穴土坑	西周早中期之际	曾侯犺	方鼎6、圆鼎14、方座簋11、圈足簋11、鬲1、甗1、匕1	斝1、爵4、扁觚1、觯2(附斗1)、罍3、尊2、卣3、壶2、漆铜釦壶1	盘1、盉1	镈钟1、甬钟4	殉车?
太清宫M1	59.1	西周早期	长子口?	方鼎9、圆鼎13、甗2、鬲2、簋3	爵8、(方4圆4)、觚8(方4圆4)、角2、觯5、斝3(方2圆1)、尊5(方2圆3)、卣7、觥3、罍2(方1圆1)、漆腹铜壶1、斗4	盘1、盉1	铙6,分两套各3件	
纸坊头M1	?	西周早期	鱼伯	圆鼎3、方鼎1、鬲2、甗1、四耳方座簋1、双耳方座簋1、四耳簋1、双耳簋1	罍1、觯1			盗扰
竹园沟M13	3.75×4.4	西周早期	鱼伯	圆鼎3、分裆圆鼎1、扁足鼎1、方鼎2、甗1、双耳方座簋1、双耳簋2、豆1	爵1、觚1、觯1、尊2、卣2、斗1、壶1	盘1、盉1	铙1	

墓号	面积m²	年代	墓主	青铜容器			乐器	备注
				炊、食器	酒器	水器		
竹园沟M7	4.3×3.2	西周早期	鱼伯	圆鼎2、分裆鼎1、簋2	觚2、觯1、尊1、大口尊1、卣2		甬钟3	
茹家庄M1甲	8.48×5.2	西周早中期之际	鱼伯	方鼎3、圆鼎5、双耳带盖簋1、双耳双环簋1、双耳簋3、鬲2、甗1、豆4	爵2、觯1、象尊1、鸟尊1、圆尊2、卣1、罍1、斗1、壶1	鎣1、盘2	甬钟3	
茹家庄M2	4×3.2	西周早中期之际	鱼伯夫人	方鼎1、圆鼎5、鬲3、甗1、簋5、匕2		盂1、盘1		熏炉1、盒2
石鼓山M3	4.3×3.6	西周早期	户氏首领	鼎6、方座簋1、双耳簋1、无耳簋4、甗1	爵1、觯1、尊1、卣6(大小卣3组)、罍1、方彝1、壶1、斗1、禁2	盘1、盂1		
石鼓山M4	3.8×3.5	西周早期	户氏配偶?	鼎15、甗4、簋16、簠2、甑1	尊1、牺尊2、罍4、壶2	盘1、盂2		
白草坡M1	残存长3.2×2.5	西周早期	潶伯	方鼎2、圆鼎5、簋3、甗1	斝1、爵1、角1、觯1、尊1、卣3、斗2	盂1		
白草坡M2	3.35×2	西周早期	奚伯	方鼎2、簋2、甗1	爵1、觯1、尊1、卣2	盂1		
高家堡M4	3.9×2.28	西周早期	戈伯?	方鼎1、圆鼎2、甗1、簋1	斝1、爵1、觚1、觯1、尊1、卣2、罍2、斗1	盘1、盂1		
大河口M1	4.6×3.78	西周早中期之际	霸伯	鼎24(方2圆22)、鬲7、甗1、簋9	爵6、觚1、觯8、尊2、卣4、罍2、单耳罐1、斗1		甬钟3、小铙3、勾鑃2	

图一一　晋侯墓地 M114 "叔矢" 方鼎

由上表可以看出，西周早期姬姓诸侯国君墓葬的铜容礼器组合为食器、酒器和水器三部分组成。食器以鼎、甗、簋为基本组合，有的增加鬲。铜鼎有方鼎和圆鼎两类，部分墓葬另外配有分裆鼎和扁足鼎，甚至有温鼎。一般侯墓中，铜鼎数量都在7件左右，其中方鼎至少在一件以上，大部分墓葬都有两件方鼎（图一一）。圆鼎在侯墓中的数量多在3件以上。但尚未形成"列鼎"的制度，大部分墓葬的铜鼎甚至并非属于墓主。甗与鬲的数量相对固定，甗仅一件，鬲一般也只有一件。簋的情况较复杂，未被盗扰的墓葬铜簋至少4件，但现有材料看，姬姓诸侯国君墓葬随葬的铜簋多为圈足簋，形态并不完全相同，方座簋在姬姓诸侯墓中较少见。因此，西周早期姬姓诸侯墓随葬鼎、簋并无定数的

图一二　叶家山 M111 一尊二卣

状况相合，形态也并不成组成列。

西周早期，姬姓诸侯墓的水器组合相对稳定，基本上可以确定皆为盘、盉相配，极个别墓葬中有一件盂。

酒器在西周早期姬姓诸侯墓葬中的组合情况较食器略复杂，但一般爵、觯、尊、卣、壶较为常见，爵、觯基本可以等量配组，一般一套，偶见斝、罍，觚已经不是常见器物。尊、卣的组合以一尊配一卣最常见，在未被盗扰的墓葬中，仅在叶家山M111中有一尊二卣组合的例证（图一二）。铜斝、铜壶、铜罍一般每墓只有一件，且多见铜扣木胎壶。未被盗扰的墓葬中，仅叶家山M111随葬了3件铜罍。

乐器仅在北赵M9和叶家山M111有发现，都以甬钟为基本配组。

这些姬姓诸侯墓葬中的铜器，如有多件，则除非带有相同铭文的形制会相同外，其余同类器器形、纹饰都有差异，甚至铭文

图一三 长子口墓方爵与方觚

材料也会直接指示,铜器的来源不一。同时,即便同为姬姓诸侯,不同墓葬的食器、酒器类礼器数量上并不相同,甚至同为一国国君,也存在差异。从不同类别的器物来看,姬姓诸侯墓葬的食器总量明显多于酒器,种类也更丰富,但酒器组合的规律性更明显。

西周早期确定的殷遗民国君是鹿邑太清宫M1。该墓年代在成王时期。墓葬随葬青铜礼器极其丰富,种类繁多,总数达85件,堪称西周早期最大的青铜礼器群。墓葬随葬食器以鼎、甗、鬲、簋为组合,其中鼎有22件,但9件方鼎、13件圆鼎的配置,看不出明显的配组关系。数量众多的鼎、与仅有3件的簋,形成了鲜明的对比。而2甗、2鬲的炊器配组,也与同时期姬姓诸侯的差别较大。该墓酒器数量极多,爵、觚、觯、尊、卣各器类的数量均在5件以上,且爵、觚等量相配,均为8件,方、圆各4件(图一三),表明其对商代晚期礼器组合的严格遵守。该墓水器以盘、盉配组,与同时期的姬姓贵族相同。乐器为两套编列小铙,每套各3件,仍是殷商旧制,与姬姓贵族使用甬钟差别明显。

图一四 茹家庄"儿"鼎、簋组合

长子口墓已属西周早期贵族墓葬，但该墓葬形制、青铜礼器有十分浓厚的商文化气息和因素。青铜礼器形制、组合、器用均保留了殷墟文化青铜礼器的主要特征。

关中地区畿内的异姓贵族君长或采邑主在西周早期数量较多。以"弓国"贵族为代表，几座"弓伯"墓食器、酒器器类和数量都较多，说明食器、酒器在青铜礼器器用中地位是并重的，这一特点与殷墟文化相同。以"弓国"为例，该国墓地中食器组合均有多件鼎、簋，但这些鼎、簋的器形、纹饰也基本都不相同，竹园沟M13甲墓的7件鼎，就有方鼎2、扁足圆鼎1、分裆鼎1、圆鼎3，各器形制、纹饰相异，墓葬中的3件簋亦不相同。

但如果将观察的时段拉长，却可以看出在关中西部地区食器逐渐成为礼器的重心，酒器在随葬器物中的地位在不断下降。茹家庄三组青铜礼器已呈出现了西周中晚期器物组合的迹象。带"儿"铭的鼎、簋（图一四），虽然在形制上与西周中晚期典型鼎、

135

簋形制有出入，但5件鼎器形、纹饰、铭文均一样，特别是其大小呈依次递减之势，已达到了典型"列鼎"的意义；4件簋器形、纹饰、大小相同，同于两周之际鼎簋制度中的"列簋"。更重要的是，从这时起，鼎簋搭配的数量似乎开始规范化了。

与"弓国"墓葬相似，白草坡M1与M2，高家堡M4与M1随葬青铜礼器中食器、酒器、水器，器类较齐全，组合丰富，数量也较多。鼎、甗、簋是这一类墓葬中最基本的食器组合，在早期稍晚阶段，鬲开始较多出现。石鼓山M4在鼎、甗、簋基础上另加了甑、簠，可能是家族自身的传统。但这些关中西部君长的墓葬中随葬铜鼎的总量，并没有同时期姬姓诸侯墓葬那样多。

酒器在同时期的关中西部地区很常见。但从"弓伯"墓来看，随葬的酒器多为拼凑而成。但在关中西部地区，值得注意的是，觚、爵虽然也常见于当地，但多不等量配组，且少有超过两套觚爵的墓例，与长子口墓中酒礼器的中心仍为规范的觚爵搭配明显不同，在当地，酒器组合中心应是尊和卣。在关中西部，西周早期尊卣搭配严谨，制作、装饰风格一致，等级较高的墓葬常为一尊二卣，且卣一大一小。尊、卣装饰风格相同的搭配，出现在殷墟晚期阶段，但真正较为流行却是在西周早期的关中西部地区（图一五）。除了"弓伯"墓外，这样的一尊二卣组合在白草坡M1潶伯墓与M2奚伯墓、石鼓山M3也有发现，说明此种器物的组合方式广泛流行于关中西部的泾、渭河上游地区。

石鼓山M4尊、牺尊、罍、壶的酒器组合较为特殊，这可能与墓主性别有关（图一六）。

总体看来，这些关中西部的君长或采邑主墓葬中的酒器组合

图一五 石鼓山 M3 铜禁及其上尊卣方彝

图一六 石鼓山 M4 牺尊

图一七　大河口 M1 方座簋

最基本的内容是：尊、卣、爵、觯，稍早阶段有觚，其它的酒器或有或无，或多或少，并无定式。但可以看出，墓葬等级越高，酒器器类会更丰富。

水器在西周早期的关中西部地区还不甚流行，主要出现于等级较高的墓葬中。壶在"弓鱼国"墓地中甚至有可能被作为水器使用。同时，该墓地出现了鎣、盂作为水器使用的现象，这与姬姓贵族以较稳定的盘、盉水器配组有一定差别。

与关中西部的非姬姓君长相似，在翼城大河口的霸氏君长，在器用选择上也与姬姓诸侯有比较明显的区别。西周早中期之际的大河口M1墓主是一代霸伯，其墓葬随葬铜器中的食器组合为24件铜鼎，7件铜鬲和9件铜簋。铜鼎中有方鼎2、圆鼎20件，扁足鼎1、温鼎1，20件圆鼎似可分为多组，包括2件大圆鼎、4件分体兽面纹鼎、2件细阳线兽面纹鼎、3件夔纹鼎，多件形制不同的弦纹鼎和兽面纹鼎。7件铜鬲大小形制并不统一，其中只有3件纹饰、大小较统一。9件铜簋中有2件方座簋（图一七），5件圈足簋和2件三足簋。这些铜簋中，两件方座簋和两件团身夔纹圈足簋似可成对，其余铜簋大小、形制和纹饰都并不相同。大河口M1的食器组合方式，在西周早期和早中期之际的列国中是极为罕见的。

大河口M1的酒器组合也十分有特色，该墓铜觯数量是目前已知西周早期侯伯级墓葬中最多的，共计10件，但形制并不统一。与铜觯相配的铜爵仅有六件，似可分为两组，一组4件，为简化兽面纹；另一组两件，为双身兽面纹。墓葬出有2尊4卣，为两套一尊二卣的配组方式（图一八）。

大河口M1的食器、酒器组合既不同于同时期的姬姓诸侯国，

图一八　大河口 M1 一尊二卣（两套）

图一九　羊子山 M4 四耳方座簋

也不同于关中西部地区的非姬姓封君或采邑主，与其临近的北赵晋侯墓葬差异巨大。食器组合中，很难看出鼎簋配组规律，也很难确定是否存在成组或成列的鼎、簋。

将羊子山M4的食器、酒器与同时期的姬姓诸侯及非姬姓封君、采邑主或诸侯相比，可以看出羊子山M4噩侯的食器、酒器组合与噩国中下层贵族接近，随葬铜器炊食器组合更接近姬姓贵族，但酒礼器组合则要略高于姬姓贵族，更接近非姬姓甚至于殷遗民贵族。

羊子山M4目前已知炊食器组合中有2件带盖方鼎，1件方鼎，4件圆鼎，1件四耳方座簋，1件双耳方座簋，1件圈足双耳簋和1件铜甗。2件"噩仲"铭带盖方鼎的组合，与同时期姬姓诸侯国诸侯常用2方鼎的通例相同，另一件非噩侯铭的方鼎则有另外的来源。3件甚至更多的方鼎配组，更接近叶家山曾侯墓的配组。而4件已知的圆鼎中，2件为噩侯自作器，2件分别来自不同的国族，难以看出比较成规律的配组关系。羊子山M4已知的铜簋中，方座簋的数量略多，且出现了四耳方座簋（图一九），与同时期关中西部非姬姓封君或采邑主的选择更为接近。相较于圈足簋和无耳盆形簋，方座簋在器用组合中一般出现在更高等级的墓葬中，因此羊子山M4噩侯的食器组合明显是要高于同属西周早期叶家山M111的。

同时，从酒器组合看，羊子山M4中已知随葬的3件铜爵，已经接近叶家山M111而远多于同时期的北赵晋侯墓及叶家山M65、M28两墓，仅少于大河口M1和太清宫M1，是西周早期侯墓的酒礼器中数量很多的例证。而墓葬中出现2尊4卣，是两套一尊二卣的配组，一套为细阳线夔纹噩侯尊、卣；一套为神面纹

图二〇 羊子山神面纹尊卣组合

尊、卣(图二○)。两套卣皆为一大一小的配组。这种两套一尊二卣的组合方式，在西周早期的墓例中，也仅有太清宫M1、石鼓山M3和大河口M1堪比。该墓一方一圆两件铜罍，在同时期的侯墓中，仅见于太清宫M1。如果将石鼓山M3中的户方彝视为方罍，则石鼓山M3中也是一方一圆两件带盖的大型盛酒器。同时，如果以艺术史的视角观察纹饰风格，则羊子山M4四件神面纹铜器使用较夸张的钩状扉棱，也是与戴家湾—石鼓山铜器群的风格更为接近，而在姬姓贵族墓葬中难以找到可以比较的例证。

需要枝蔓一句的是，神面卣提梁两侧兽首耳部做手眼纹，这种纹饰的陶范曾见于孝民屯铸铜遗址[42]。路国权、张昌平等人曾认为孝民屯铸铜的生产可能已经进入西周时期[43]，如路、张之说成立，则甚至不排除西周初年有一些国族曾利用殷墟的铸铜遗址或工匠定制过包括短轴出戟提梁卣在内的一批新风格铜器。

从技术角度而言，张昌平已经注意到，羊子山M4的神面纹形成于无地纹兽面纹的背景下，实际上是无地纹增强装饰的立体效果[44]。而神面纹的器官浮雕凸起，为了保证器壁等厚，需要让内壁做出相应的凹入(图二一)[45]，这需要在铸造时在内芯上做出凸起，在外范上做出与之相应的凹陷，技术难度相应增加了。这样的技术作风实际上从殷墟早期就已经运用在罍、尊、瓿一类的大型铜器之上。但由于西周早期此类风格的铜器极少，因此大部分学者倾向于这种铜器的生产集中于一地。比如，李学勤就曾推测此类器物在西周早期集中生产于宝鸡地区。[46]但羊子山M4的新发现，至少说明噩国在西周早期可以定制属于自己特殊纹样的铜器，甚至不排除噩国在江汉平原北部地区就有自己的生产铜器的作坊。甚至，基于晚商时期东起洞庭湖流域，西抵成

图二一　神面纹卣内壁的凹陷

都平原西北部的广汉三星堆广泛所见的大型南方长江流域风格的尊、罍，我们可以大胆推测，这一南方的铸造作坊，在西周早期为类似于噩、曾这样的国家所控制，可以生产他们想生产的铜器。

所以，从尊、卣、罍和铜爵数量来看，羊子山M4的酒礼器组合更接近西周早期的殷遗民和非姬姓的侯级贵族，而远比姬姓诸侯为高。更需要强调的是，这种强调一尊二卣的组合，似乎是西周初年新兴的非姬姓诸侯强调自身特色的刻意行为，是当时一群突然勃兴贵族的身份识别标志之一。

由此，可以看出，西周早期的噩国最高等级贵族，在随葬铜器的组合风格上既遵从甚至强化着与姬姓周人贵族一样的重炊食器的礼仪倾向，也通过对酒礼器的强调，彰显自身作为新兴贵族的身份认知。同时，噩侯通过类似定制的方式，使用神面纹在尊、卣、罍上表现自身国族的个性，甚至更低等级的贵族也可以创造性地使用带銎尊、觯，以差异表达卓尔不群。这无疑应该是当时突然勃兴贵族的炫耀行为。

四、两周之际噩侯铜器组合的特点

西周晚期开始,周王朝与噩国的关系急转直下,因此有学者认为噩国在厉王之后就已经被灭国。但南阳夏饷铺墓地的发现,说明噩国在两周之际仍然延续了相当长的一段时间,至少历时3至4代噩侯之久。虽然对噩国西迁南阳的具体变化,学术界有不同看法。[47]但南阳地区出现有两周之际噩国却是不争的事实。

从夏饷铺墓地的发掘情况看,两周之际的噩侯铜器组合与同时期的诸侯相比,异同十分鲜明。可以选用两周之际到春秋早中期之际,材料公布较好、墓葬铜器组合较完整的北赵晋侯墓地M93与M102组[48]、梁带村芮国墓地M19、M26、M27组[49]、梁带村M28[50]、上村岭M2001[51]、湲阳岭应国墓地M95[52]、M8[53]、枣树林曾国墓地M190、M191组[54]与夏饷铺鄂国墓地进行对比(表四)。

表四 噩国贵族墓葬随葬铜容器、乐器概况

| 墓号 | 面积 m² | 年代 | 墓主 | 青铜容器 | | | 乐器 | 备注 |
				炊、食器	酒器	水器		
夏饷铺M5	13.64	西周晚期	噩侯夫人	鼎2、鬲2、簋2、簠2		盘1、盉1		鬲铭"噩姜作羞鬲"、簠铭"噩姜作旅簠"
夏饷铺M6	28.67	西周晚期	噩侯	鼎1、簋1、簋盖1	觯1、尊1、方彝1		钮钟6(成一套)	被盗,钟铭"噩侯乍"
夏饷铺M19	16.17	春秋早期	噩侯	鼎2、簋4	圆壶2	盘1、匜1		被盗
夏饷铺M20	14.08	春秋早期	噩侯夫人	鼎3、簋4、簠1		盘1、盉1		簠铭"噩姜作宝"
夏饷铺M7	17.34	春秋早期	噩侯	?				被盗

墓号	面积 m²	年代	墓主	青铜容器			乐器	备注
				炊、食器	酒器	水器		
夏饷铺 M16	16.8	春秋早期	鄂侯夫人	鼎3、鬲4、簠4	圆壶2	盘1、匜1		铜翣4、大量棺罩饰、鼎壶盘铭"鄂侯……"
夏饷铺 M1	34.98	春秋早期	鄂侯夫人	鼎7、鬲3、簠盖2、簋2	方壶2	盘1、匜1		被盗
上村岭 M2001	18.8	春秋早期	虢公	实用器：鼎7、鬲8、簋6、方甗1、盨4、簠2、甫（铺）2，明器：鼎3、簋3	实用器：方壶2,圆壶2，明器：方彝3、尊3、爵3、觯2	实用器：盘1、匜1，明器：盘3、盂1	一套8件编甬钟，另有钲1	
北赵 M93	中字形墓室 32.1	春秋早期	晋侯	实用器：鼎5、甗1、簋6，明器：鼎1、簋1	实用器：方壶2，明器：爵1、觯1、尊1、方彝1、卣1	实用器：盘1、匜1，明器：盘1	编钟16、磬16	
北赵 M102	14.7	春秋早期	晋侯夫人	实用器：鼎3、簋4,明器：鼎1、簋1	方壶1,明器：爵1、觯1、方彝1	盘1、匜1,明器：盂1		
滍阳岭 M95	20.3	西周晚期	应侯	实用器：鼎1,明器：鼎4、甗1、簋6、盨2	明器：方壶2、方彝1	明器：盘1、盂1		有铜鱼等有棺罩
滍阳岭 M8	38.22	春秋早期	应侯	实用器：鼎5、甗1、簠4，明器：簋1	实用器：方壶2,明器：尊2、方彝2、爵1	实用器：盘1、匜1，明器：盘1、盂1		有铜鱼等有棺罩

墓号	面积 m²	年代	墓主	青铜容器			乐器	备注
				炊、食器	酒器	水器		
梁带村 M27	中字形墓室66	春秋早期	芮公	鼎7、簋7、甗1、方壶2、盖盆1	卣1、觚1、角1、盖尊1	盘1、盉1	甬钟8（另有钟钩7）、钲1、錞于1	8件铜翣
梁带村 M26	甲字形墓室40.1	春秋早期	芮公夫人	鼎5、鬲5、甗1、簋4、簠2	方壶2、盖盆2			有铜小方鼎、小罐、盒、单把罐、匜、镂弄器，4件铜翣
梁带村 M19	甲字形墓室35.75	春秋早期	芮公夫人	鼎4、鬲4、甗1、簋4	方壶2	盘1、盉1、盖盆1		有4件铜翣
梁带村 M28	21.6	春秋早期	芮公	鼎5、鬲4、甗1、簋4	方壶2	盘1、盉1	一套8件编甬钟，一套10件编磬	
枣树林 M190	甲字形墓室54.4	春秋早中期之际	曾公	鼎5、簋1	方壶、2圆壶2	盘1、匜1	甬钟17、钮钟13、镈钟4	盗扰，钾1
枣树林 M191	甲字形墓室39	春秋早中期之际	曾公夫人	鼎5(3列鼎)、簋4、鬲5、簠4	壶2	盘1、匜1		钾1、铜罐4、镂孔器1

从前述的夏饷铺墓葬的随葬铜器可知，该墓地青铜礼器明器化严重，制作不甚精细，在噩侯夫人墓葬中尤为严重，铜鼎的凑配现象也比较突出。虽然盗掘严重，但大体可以复原噩侯夫妇的容礼器配置。

两周之际贵族墓葬随葬的铜炊食器中的炊器主要有鼎、鬲、

图二二　夏饷铺 M6 出土铜明酒器

甗，鬲、甗一般只出现于高等级贵族墓葬中，鬲的地位较突显，常常多件以同形等量的形式与其他青铜礼器组合搭配。从这一点上看，虢国贵族墓无疑是与这一历史大趋势相吻合的。但从数量上看，夏饷铺虢国墓地的炊食器组合，当以虢侯5鼎4簋为基本组合，有的可能加有鬲和簠；虢侯夫人则可能多以3鼎4簋为基本组合，配合一定数量的鬲、簠。这种组合方式，与同时期的姬姓诸侯虢公、芮公无法比拟。如果仅从数量上看，其配组数量上接近同时期的晋侯，似乎遵循了西周晚期以来形成的"鼎制"，但若

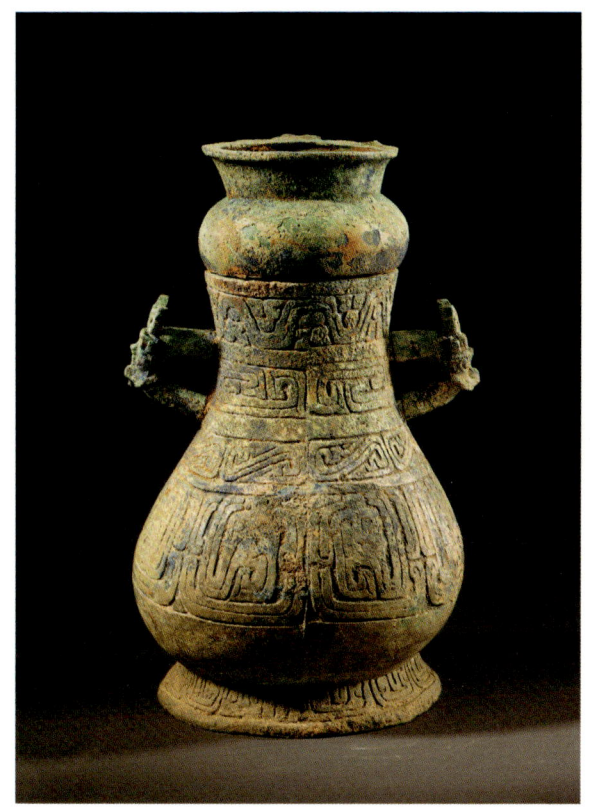

图二三　夏饷铺 M16 噩侯作孟姬腰壶

看铜器的实际质地和实用器与否（图二二），夏饷铺鄂侯则明显显得十分"寒酸"窘迫。

　　两周之际的盛食器主要有簋、簠、铺等，盨、铺多出现于级别较高的墓葬中。西周中晚期开始出现的盨，流行的时间较短，在两周之际后段基本不见。夏饷铺墓地中目前发表材料尚未见到铜铺，簋、簠似乎也有随葬。由于盗扰严重，目前很难说噩侯及其夫人之墓在盛食器方面的配组关系究竟如何。但从现有的资料看，两周之际噩侯铜炊食器制作轻薄粗陋，已几乎完全看不

图二四　虢国墓地 M2001 编钟组合

出自身的特色与个性，颓败之气十分明显。这显然是与噩国国力的衰变直接相关的。

自西周中期后，酒器在青铜容礼器中的地位越来越弱，即便作为组合，一般也主要出于等级较高的墓葬中。这一时期最核心的酒器，是方壶与圆壶，尤以前者似乎更为礼制看重。但夏饷铺噩国墓地除圆壶外(图二三)，未见厚重的方壶，目前发现的酒器都是"复古"的明器，以觚、觯、尊、方彝等比较常见。若对比两周之际诸侯一级墓葬中，即便有明器化的酒器，也会有一对实用方壶甚至一对方壶、一对圆壶，但从目前的夏饷铺墓地中是看不到这种组合的。

从水器看，两周之际三鼎以上的诸侯墓葬必有一组盘匜。夏饷铺墓地的噩侯及夫人，在水器的配组方面基本能够达到这一要求。

而从乐器看，两周之际的诸侯，都十分重视编列钟和磬，北

方地区东周时期的甬钟、钮钟、镈钟虽然排列组合方式众多，但仍能梳理出最为常用的编组方式。甬钟以8枚成编最为常见（图二四），钮钟以9枚配组成为正统，镈钟则以4枚组合成为主流。复合编组以8甬、4镈或9钮、4镈在北方地区最为流行，这与楚地最为流行的9钮、8镈编组方式差别明显。北方诸侯，地位越高，越发看重西周旧制，尤重编甬钟与编镈的配组。[55]但在夏饷铺鄎国墓地中，乐钟资料十分稀缺，M6发现有6件编钮钟，不排除鄎国国君采用的是以钮钟为核心的新配组方式。

从铜器的组合看，在两周之际的鄎国国君，铜器配组方式与当时诸侯国的主流方式完全相同，已经不再有族姓差异或个性表达，已"泯然众人矣"。同时，此时鄎国铜器的轻薄粗陋，说明国力与铜器的使用直接相关，凑配铜器说明鄎国在这时可能已经失去了定制或自行生产高等级铜器的能力甚至权利。

五、小结

浮光掠影勾勒噩国铜器在组合方面的变化，可以看出如下规律：

第一，西周早期，噩国无论是作为归附西周王朝的晚商旧族还是新分封的国家，都显示出突然勃兴的新兴贵族的态势。从诸侯到中下层贵族，炊食器、水器与姬姓贵族保持大方向的一致，但更接近关中西部的非姬姓封君。

第二，西周早期，噩国在酒器方面的表现十分突出，与姬姓诸侯的差别比较明显，更接近殷遗民和关中西部的非姬姓封君。现有资料显示，似乎酒器仍然是噩国铜容、礼器组合中可以表达个性和国族差异的核心。

第三，两周之际，随着噩国国运的转折，噩国国君级的铜容礼器的组合已经没有了个性化的彰显，与同时期的诸侯在器类选择、纹饰表现方面基本保持一致。但器物的组合数量，却几乎是列国国君中最低一等的。若再将铜器的质量纳入对比标准，则噩国铜礼器的质量完全无法与同时期的诸侯相媲美。

总体来看，噩国与关中西部的非姬姓国君，关中东部类似霸、倗等非姬姓国族人群一样，似乎是凭借商周鼎革而突然兴起的军功阶层。他们在西周早期突然勃兴，以不同于姬姓诸侯的器用特征彰显自己的个性。同时，大量非本国族铜器的出现，也显示出他们很可能共同参与了商周战役后的战利品分配。[56]这些新兴的军事贵族或参与了新建国的贵族们，在西周初以不同的方式彰显着他们身份的飞跃和阶层的提升。噩国墓葬中出现的非噩国铜器，备受美术史和铜器研究者关注的"神面纹"铜器，以及与关中西部封君们相似的铜器风格，很可能正与这一事件有关。

但噩国又与关中西部的各封君不同，在西周建国后似乎很快就与曾国一起，成为了南境的开发与管理者，军事意味极强。在昭王前后事关南征的系列铜器中，噩国也多以周王朝在南方前沿的守卫者形象出现，似乎也从侧面印证这一判断。因此，当西周中期以后关中西部各新兴的封君或采邑逐渐消失、衰败之后，噩国作为"外服"分封的地方诸侯，却能独立发展，甚至能达到威胁周王朝边境安全，成为地区首领的地步。虽然由于材料缺乏，我们无法得知在西周中期礼制改革，铜器组合与风格整体变化的大趋势中，噩国的选择如何，但从零星的传世器来看，噩国铜器可能也逐渐消弭了自身的个性，与周王朝各诸侯国的铜器演变保持一致。

当然，上述猜想只是将散碎而不完整考古资料串联在一起的观感，噩国铜器的发展史如何，终将以考古的新发现得到明晰。

注 解

[1] 代表性的研究如：a.徐中舒：《禹鼎的年代及其相关问题》，《考古学报》1959年第3期；b.马承源：《记上海博物馆新收集的青铜器》，《文物》1964年第7期；c.刘翔：《周夷王经营南淮夷及其与鄂之关系》，《江汉考古》1983年第3期；d.曹淑琴：《噩器初探》，《江汉考古》1993年第2期；e.徐少华：《鄂国青铜器及其历史地理综考》，《考古与文物》1994年第2期；f.杨宝成：《鄂器与鄂国》，《洛阳考古四十年》，科学出版社，1995年；g.张昌平：《噩国与噩国铜器》，《华夏考古》1995年第1期；h.李学勤：《论周初的鄂国》，《中华文史论丛》2008年第4期；i.李学勤：《由新见青铜器看西周早期的鄂、曾、楚》，《文物》2010年第1期；j.罗运环：《安居新出鄂侯诸器与楚熊渠所伐之鄂》，《出土文献与楚史研究》，商务印书馆，2011年；k.张昌平：《论随州羊子山新出噩国青铜器》，《文物》2011年第11期。

[2] 由于晚商卜辞即有"噩"地，所以对晚商之噩与西周之噩是否为同国同族，历来存在争议。持前者之说者以晋南乡宁县为噩；持后者则认为晚商商王朝南部地区有一地名噩，曾为商王之田猎区。

[3] 张昌平：《噩国与噩国铜器》，《华夏考古》1995年第1期。

[4] 随州市博物馆：《湖北随县发现商周青铜器》，《考古》1984年第6期。
[5] 随州市博物馆：《湖北随县安居出土青铜器》，《文物》1982年第12期。
[6] a.随州市博物馆：《随州出土文物精萃》，文物出版社，2009年；b.随州市博物馆：《礼乐汉东——湖北随州出土周代青铜器精萃》，文物出版社，2012年。
[7] 湖北省博物馆：《荆楚英华——湖北全省博物馆馆藏文物精品联展图录》，湖北人民出版社，2011年。
[8] 深圳博物馆、随州市博物馆：《礼乐汉东——湖北随州出土周代青铜器精华》，文物出版社，2012年。
[9] 河南省文物局南水北调办公室、南阳市文物考古研究所：《河南南阳夏饷铺鄂国墓地M1发掘简报》，《江汉考古》2019年第4期。
[10] 河南省文物局南水北调办公室、南阳市文物考古研究所：《河南南阳夏饷铺鄂国墓地M7、M16发掘简报》，《江汉考古》2019年第4期。
[11] 河南省文物局南水北调办公室、南阳市文物考古研究所：《河南南阳夏饷铺鄂国墓地M19、M20发掘简报》，《江汉考古》2019年第4期。
[12] 河南省文物局南水北调办公室、南阳市文物考古研究所：《河南南阳夏饷铺鄂国墓地M5、M6发掘简报》，《江汉考古》2020年第3期。
[13] a.上海市文物保管委员会：《近年来上海市从废铜中抢救出的重要文物》，《文物》1959年第10期；b.陈佩芬：《夏商周青铜器研究》，上海古籍出版社，2008年。
[14] 马承源：《记上海博物馆新收集的青铜器》，《文物》1964年第7期。
[15] a.马承源：《记上海博物馆新收集的青铜器》，《文物》1964年第7期；b.陈佩芬：《夏商周青铜器研究》，上海古籍出版社，2008年。
[16] 张剑：《洛阳市博物馆馆藏的几件青铜器》，《文物资料丛刊》(3)，文物出版社，1980年。
[17] 台北故宫博物院：《故宫西周金文录》，台北故宫博物院，2011年。(见曹淑琴：《噩器初探》，《江汉考古》1993年第2期。)
[18] 陈佩芬：《上海博物馆新收集的西周青铜器》，《文物》1981年第9期。
[19] 田率：《新见噩监簋与西周监国制度》，《江汉考古》2015年第1期。
[20] 中国社会科学院考古研究所：《殷墟发掘报告（1958~1961年）》，文物出版社，1987年。
[21] 山西省文物工作委员会、洪洞县文化馆：《山西洪洞永凝堡西周墓葬》，《文物》1987年第2期。
[22] 陕西省考古研究院、宝鸡市文物旅游局、上海博物馆：《周野鹿鸣——宝鸡石鼓山西周贵族墓出土青铜器》，上海书画出版社，2014年。
[23] 黄锦前、乔龙飞：《鄂、曾、楚青铜器的新发现及意义》，《湖南考古辑刊》，第14辑，科学出版社，2019年。
[24] 陕西周原考古队：《扶风云塘西周墓》，《文物》1980年第4期。
[25] 中国社会科学院考古研究所沣镐考古队：《1961~1962年沣西发掘简报》，《考古》1984年第9期。

[26] 中国社会科学院考古研究所丰镐考古队：《1984~1985年沣西西周遗址、墓葬发掘简报》，《考古》1987年第1期。
[27] 洛阳博物馆：《洛阳北窑西周墓清理记》，《考古》1972年第2期。
[28] 卢连成、胡智生：《宝鸡強国墓地》，文物出版社，1988年。
[29] 郭宝钧：《浚县辛村》，科学出版社，1964年。
[30] 河南省文物考古研究所、平顶山市文物管理局:《平顶山应国墓地》,大象出版社，2012年。
[31] 北京大学考古学系商周组等：《天马—曲村（1980-1989）》，科学出版社，2000年。
[32] 中国社会科学院考古研究所：《滕州前掌大墓地》，文物出版社，2005年。
[33] 湖北省文物考古研究所、随州市博物馆：《湖北随州市叶家山西周墓地》，《考古》2012年第7期。
[34] a.北京大学考古文博学院、山西省考古研究所：《天马—曲村遗址北赵晋侯墓地第六次发掘》，《文物》2001年第8期；b.北京大学考古学系、山西省考古研究所：《天马—曲村遗址北赵晋侯墓地第二次发掘》，《文物》1994年第1期。
[35] a.湖北省文物考古研究所、随州市博物馆：《湖北随州叶家山M65发掘简报》，《江汉考古》2011年第3期；b.湖北省文物考古研究所、随州市博物馆：《湖北随州叶家山M28发掘简报》，《江汉考古》2013年第4期；c.湖北省文物考古研究所、随州市博物馆：《湖北随州叶家山M111发掘简报》，《江汉考古》2020年第2期。
[36] 河南省文物考古研究所、周口市文化局：《鹿邑太清宫长子口墓》，中州古籍出版社，2000年。
[37] 卢连成、胡智生：《宝鸡強国墓地》，文物出版社，1988年。
[38] a.石鼓山考古队：《陕西宝鸡石鼓山西周墓葬发掘简报》，《文物》2013年第2期；b.石鼓山考古队：《陕西宝鸡市石鼓山西周墓》，《考古与文物》2013年第1期；c.陕西省考古研究院、宝鸡市考古研究所、宝鸡市渭滨区博物馆：《陕西宝鸡石鼓山商周墓地M4发掘简报》，《文物》2016年第1期。
[39] 甘肃省博物馆文物队：《甘肃灵台白草坡西周墓》，《考古学报》1977年第2期。
[40] 陕西省考古研究所：《高家堡戈国墓》，三秦出版社，1995年。
[41] 山西省考古研究院等：《山西翼城大河口西周墓地一号墓发掘》，《考古学报》2020年第2期。
[42] a.中国社会科学院考古研究所安阳工作队：《2000～2001年安阳孝民屯东南地殷代铸铜遗址发掘报告》，《考古学报》2006年第3期；b.殷墟孝民屯考古队：《河南安阳市孝民屯商代铸铜遗址2003～2004年的发掘》，《考古》2007年第1期。
[43] a.路国权：《殷墟孝民屯东南地出土陶范年代的再认识及其相关问题》，《考古》2011年第8期；b.张昌平：《商周之际的凤鸟纹卣——从孝民屯到石鼓山》，

《考古与文物》2019年第4期。
- [44] 张昌平：《论随州羊子山新出噩国青铜器》，《文物》2011年第11期。
- [45] 马承源：《关于神面纹卣》，《保利藏金——保利艺术博物馆精品选》，岭南美术出版社，1999年。
- [46] 李学勤：《异型兽面纹卣论析》，《保利藏金——保利艺术博物馆精品选》，岭南美术出版社，1999年。
- [47] 对南阳之噩，学术界有厉王奔噩，南方管控松动，噩国得以复国或徙封的说法，代表性意见如黄尚明：《从考古新材料看鄂国的历史变迁》，《华中师范大学学报（人文社会科学版）》2015年第1期。也有学者认为南阳之噩，已不是姞姓噩国，而是新分封的姬姓鄂国，代表性意见如黄凤春：《鄂国由姞姓向姬姓转变及其迁徙的背景分析——兼论鄂国灭国后应属汉阳诸姬之一》，《中原文化研究》2020年第6期。
- [48] 北京大学考古系、山西省考古研究所：《天马—曲村遗址北赵晋侯墓地第五次发掘》，《文物》1995年第7期。
- [49] a.陕西省考古研究院、渭南市文物保护考古研究所、韩城市文物旅游局：《陕西韩城梁带村遗址M27发掘简报》，《考古与文物》2007年第6期；b.陕西省考古研究院、渭南市文物保护考古研究所、韩城市文物旅游局：《陕西韩城梁带村遗址M26发掘简报》，《文物》2008年第1期；c.陕西省考古研究院、渭南市文物保护考古研究所、韩城市文物旅游局：《陕西韩城梁带村遗址M19发掘简报》，《考古与文物》2007年第2期。
- [50] 陕西省考古研究院、渭南市文物保护考古研究所、韩城市景区管理委员会：《梁带村芮国墓地——二〇〇七年度发掘报告》，文物出版社，2010年。
- [51] 河南省文物考古研究所、三门峡市文物工作队：《三门峡虢国墓（第一卷）》，文物出版社，1999年。
- [52] 河南省文物考古研究所、平顶山市文物管理委员会：《河南平顶山应国墓地九十五号墓的发掘》，《华夏考古》1992年第3期。
- [53] 河南省文物考古研究所、平顶山文物管理局：《河南平顶山应国墓地八号墓发掘简报》，《华夏考古》2007年第1期。
- [54] 湖北省文物考古研究所、北京大学考古文博学院、随州市博物馆、曾都区考古队：《湖北随州市枣树林春秋曾国贵族墓地》，《考古》2020年第7期。
- [55] 常怀颖：a.《西周钟镈组合与器主身份、等级研究》，《考古与文物》2010年第2期；b.《北方地区东周乐钟编列与埋藏规律研究》，《古代文明》（第11卷），文物出版社，2016年。
- [56] 黄铭崇：a.《从考古发现看西周墓葬的"分器"现象与西周时代礼器制度的类型与阶段·上》，《历史语言研究所集刊》第八十三本第四分，2012年；b.《从考古发现看西周墓葬的"分器"现象与西周时代礼器制度的类型与阶段·下》，《历史语言研究所集刊》第八十四本第一分，2013年。

争与让
兼谈西周之周鄂关系

冯时　中国社会科学院考古研究所

争或叫竞争,这是今天的社会热词。而让或者谦让,则是古人常记于心的为人操守。今人喜争,古人则耻于争,事不相同,泾渭分明。事实上,于事是争是让不仅体现着做人的道德水平,也体现着社会的文明程度。

一、耻于争而礼于让

人与人为什么会争?《荀子·礼论》说得很清楚:

> 人生而有欲,欲而不得则不能无求,求而无度量分界则不能不争,争则乱,乱则穷。先王恶其乱也,故制礼义以分之,以养人之欲,给人之求。使欲必不穷乎物,物必不屈于欲,两者相持而长,是礼之所起也。

荀子以为,人的欲望是与生俱来的,为了满足欲望,人就不能不有所追求,追求其所应得则秩序井然,但欲望无限膨胀而得不到满足，就会追求非分所得，从而引起纷争而导致混乱。所以制定礼仪的目的就是养欲。"养人之欲"不是为了无限满足人们日益增长的欲望，那是纵欲，养欲的目的是要节制人的欲望，把人的欲望调整在一个合理的范围之内。这样才能知足而乐，社会也才能和谐有序。同书《富国》也阐释了同样的思想：

> 天下害生纵欲。欲恶同物，欲多而物寡，寡则必争矣。故百技所成，所以养一人也。而能不能兼技，人不能兼官。离居不相待则穷，群而无分则争。穷者患也，争者祸也。救患除祸，则莫若明分使群矣。强胁弱也，知惧愚也，民下违上，少陵长，不以德为政，如是，则老弱有失养之忧，而壮者有分争之祸矣。事业所恶也，功利所好也，职业无分，如是，则人有树事之患，而有争功之祸矣。男女之合，夫妇之分，婚姻娉内送逆无礼，如是，则人有失合之忧，而有争色之祸矣。故知者为之分也。……人之生不能无群，群而无分则争，争则乱，乱则穷矣。

很明显，古人正是看到了因争而乱的恶果，所以必须以让抑争，唯有如此，才能建立起和谐的社会关系。

放纵欲望是致乱的根本，所以防乱求治，必须内外兼治，于内自我修身，于外则要依靠制度的约束。先贤制礼，宗旨就是节制人的本能欲望，所以礼的作用在于防闲，希望人通过自我修行而达到节欲的目的。诚然，节制人欲虽然首先需要自我约束，但同时也必须通过对社会等级的分别来实现。节欲当然体现着自我修养，而尊卑之分则是在制度的层面限制了人的非分所求。因此节与分构成了传统礼制的两个基本特点。知节知分则不争，不争则几于礼也。

"争"字的正体作"爭"。《说文解字·受部》："爭，引也。从受厂。"徐铉等的解释说："厂，音曳，受，二手也。而曳之，争之道也。"段玉裁《说文解字注》："凡言争者，皆谓引之使归于己。"商代甲骨文的"争"字本作：

字像二人共夺一物之形，皆引之而使物得归于己，其中上边的一手引物已使所夺之物几属于己，所以字形中所象的被引之物呈现曲而向上的态势，喻指物品的归属。但曲物下边的部分则又画有夺物之手，或更写双手，以力力相连表现加倍用力，欲将由上手夺去的物品复夺回来。其通过字形所反映的两人争夺一物的形象十分传神。

今天用为谦让的"让"字本义则是相责让，其正体作"讓"，而具有谦退意义的字本来则写作"攘"。《说文解字·手部》："攘，推也。从手，襄声。"段玉裁《说文解字注》："推手使前也。古推讓字如此作。上《曲礼》注曰：攘，古讓字。许云：讓者，相责讓也。攘者，推也，从古也。《汉书·礼乐志》：盛揖攘之容。《艺文志》：尧之克攘。《司马迁传》：小子何敢攘。皆用古字。凡退讓用此字，引申之使人退讓亦用此字。如攘寇、攘夷狄是也。"

"争"与"攘"都从"手"用来表意，不同的是，"争"从数手相夺，"攘"则从手以喻相推让，其所表达的意义恰好相反。中国传统文化以争为耻，以让为荣。所以儒家道德提倡温良恭俭让。相争自为无礼，可见礼的表现之一就是让。

中国文化的本质是利他主义，而不是利己主义。孔子主张"己所不欲，勿施于人"（《论语·颜渊》），就是典型的利他表现。而在人与人所形成的社会关系方面体现出利他行为的就是让。

聘礼是诸侯之间遣使友好访问的礼节，目的是使大家以礼相待，而不致相互欺凌，兵戎相见。《礼记·聘义》云：

> 聘礼，上公七介，侯伯五介，子男三介，所以明贵贱也。介绍而传命，君子于其所尊弗敢质，敬之至也。三让而后传命，三让而后入庙门，三揖而后至阶，三让而后升，所以致尊让也。

根据上古时代的聘问制度，各国派遣卿为正使，其中公爵之国，正使以官阶不同的七名官员随行为介，侯伯之国随行五介，子男之国则随行三介，以明其尊卑贵贱。聘使与主国之君对话，必须通过摈与介在中间传达，而不会由宾主直接相谈。聘礼设置摈介的目的，乃是因为君子不敢自诩与自己尊敬的人有着相等的地位，所以不便与对方直接对话，而必须以庄重的态度藉由传话人传达自己最尊敬的诚意，以显示其对对方的极端尊敬。宾客到达之后，看到主人不仅安排了摈作为传话人员，而且以贵客之礼相待，于是虔诚地辞让三次，表示不敢当受此礼。推让三次之后，才传达君主命令自己前来聘问的使命，然后进入庙门。一入庙门，主人走在东方稍前的位置，宾客则跟随在西方稍后的位置，宾主相向作揖；转向面对台阶时，则第二次彼此作揖，礼让对方先行登上台阶；到达相当于庭中立碑的位置时，主人则第三次作揖，礼让宾客先行登上台阶，宾客则再次辞让；在主人三揖，宾客三让之后，才由主人先行登上台阶，引导宾客进入庙堂。这种揖让的礼仪都是为了表达宾主双方彼此的尊敬和谦让。显然，以他人为尊必礼让之，以自己为尊则必不让。所以，古代聘礼的三揖三让表达的正是对他人尊敬的思想，这体现了中国传统文化的优秀内涵。

让的本义是对尊者的礼让，反之，通过礼让当然也可以体现出对他人的尊重，这使让成为了传统礼制中的一项重要内容。由此推及于一切事务，让便体现着"君子矜而不争"（《论语·卫灵公》）的品德。君子不重则不威，内心庄矜则必不与人争，争则荒戏无形，尽失威仪，这显然不是君子应该具有的容止，故君子不为也。

让是敬尊，为尊者让，那么在天尊地卑观念的影响下，最高礼仪的让就是尊帝。这不仅成为传统礼制的重要内容，而且在古代王庭及后来的都城规划中都很好地体现了出来。

中国传统的时空关系表现为空间决定时间，规划空间事实上是决定一切事物的基础，这使辨方正位成为首先需要解决的问题。正是由于中国先民对空间的重视，所以至少在七千年前，人们就已测得了南北子午线，并将其运用于建筑布局当中[1]。中国传统的城市设计，无例外地强调子午线或中轴线，取其端正或对称安排，即是这一思想的反映。

据《周礼·考工记·匠人》的记载，子午线的测定必须利用槷表对日影的揆度而完成，为了使子午线测得尽量准确，不仅要参考正午时刻的日影方向，还需在夜晚通过北极星的位置加以考校。所以很明显，子午线事实上是一条正对北极的南北经线。然而在三代以降的城市布局中普遍存在着一种有趣的现象，人们尽管强调子午线，但却没有一座城市的中轴线是端正而直指北极的，其总会偏斜一个角度，这意味着城市的中轴线与子午线并不重合。就北京古城而言，从元大都开始，子午线与中轴线就不在同一条线上。学者或通过无限延长中轴线，寻找其所对应的自然标志或人文标志。这种解释显然不对。子午线是皇权的象征，所以只能将其限制在都城甚至皇城的范围之内。传统的北京城中轴线，其起点是从内城最南的正阳门开始，到最北的钟鼓楼结束，其围绕皇城的设计特点非常清楚。20世纪50年代，曾分别在鼓楼以南的后门桥发现石鼠，同时又于正阳门下发现石马[2]，这两件石兽不仅是明永乐间修建北京城时的镇物，而且更体现着古人以生肖实物标明子午线南北端点的做法，从而清楚地证明了最初规划的北京子午线的两至。明嘉靖三十二年（1553）增建北京外城，子午线南端也只能延至永定门，不出城池。因此很清楚，北京的中轴线其实就是子午线，而这条子午线是不能无限延长的。同时更为重要的是，古代皇权必须建立在君权天授的基础之上，所以人们通过直指北极的子午线，以建立居于北极的上帝与直居帝下的人王的联系。而无限延长子午线的做法将使子午线完全丧失其所具有的这一皇权象征的政治意义。

既然中轴线是基于子午线而规划的南北经线，那么其设计为什么会与真实的子午线形成偏斜？这种做法其实体现的正是传统礼制中的礼让思想。上帝为尊，所以人王尽管要表现其直袭于帝的资格，但突出强调尊帝之心却是必须的，这种心情使人王必不敢直视上帝，而只能通过将子午线稍稍偏斜的处理方式加以避让，甚至元大都大内中轴线也不与大都城的子午线重合，而非要偏东错出不可。大都中轴线上只能建报时的鼓楼和钟楼，表明人们确定时间的做法源出敬天观象的传统，但皇帝所居的大内却绝不敢与其对冲。这种自古传承的城市中轴线的偏斜所体现的尊帝之心，在建筑风水学上则表现为忌冲四正，而北京古城中轴线与子午线的错位正是这种思想的体现[3]。事实上，这种对于尊者忌冲求让的心情正犹卑者为尊者敬酒上茶必偏头而不敢对饮一样。显然，礼让的思想在传统政治、礼制、宗教乃至建筑设计中都体现得相当充分。

诚然，并不是所有的事都要以礼让为先，孔子主张"当仁，不让于师"（《论语·卫灵公》），意思是在面对仁德的时候是不能谦逊的。仁的本义是亲爱，但这种亲爱并不是血缘之下的亲情之爱，而是超越血缘的社会关系，所以仁爱不是爱自己或爱子孙，而是爱他人。社会关系的仁爱必须建立在彼此信任的基础之上，因此成为传统道德体系的重要内容。而君子修德唯恐不及，当然对于仁德也就更不能谦让。显然，这里的不让与利益之争有着本质的区别。

中国的传统文化无不以礼让为德，争则是人们耻于谈及的事情。然而当今之世界，凡目力所及，无不以争为胜。官宦争位，学人争名，商贾争利，子孙争财，行者争道，游客争食，庶民争功，全民竞争，无不争先而恐后。或岂止于争，甚至是抢。路怒伤人，家暴伤亲，逞一时之威风，徒一时之痛快，终致大祸，这种现象触目皆是。显然，今天的我们更应从中国的传统文化中汲取智慧，戒急戒燥，心平气和。于名利不争，于仁德不让，这样才能建立起和谐的社会。

二、西周时代周鄂之争与让

古鄂人喜争，其俗从鄂国的名字即可看出。鄂国的国名本作"噩"，西周金文写作：

《说文解字》有"嚚"而无"噩"，"噩"为本字，"嚚"为后起字。《说文解字·叩部》："嚚，讻讼也。"很明显，"噩"字本从四口，中间以人或线相隔，喻众口争讼，各持己见，互不相让。而后起的"嚚"字则以"叩"表示众口，以"屰"表示言语不顺，反映的也是众人争讼的意义。足见噩人天然善争之性格。

西周王朝实行分封，噩作为诸侯国，本应负有巩卫王室的职责，但其善争的性格，却使其于周王室时叛时服。噩与西周王室的战争，最严重的一次见于周厉王初年的禹鼎铭文的记载。铭文云：

禹曰："丕显桓桓皇祖穆公克夹绍先王奠四方，肆武公亦弗暇忘朕圣祖考幽大叔、懿叔，命禹肖朕祖考政于邢邦。

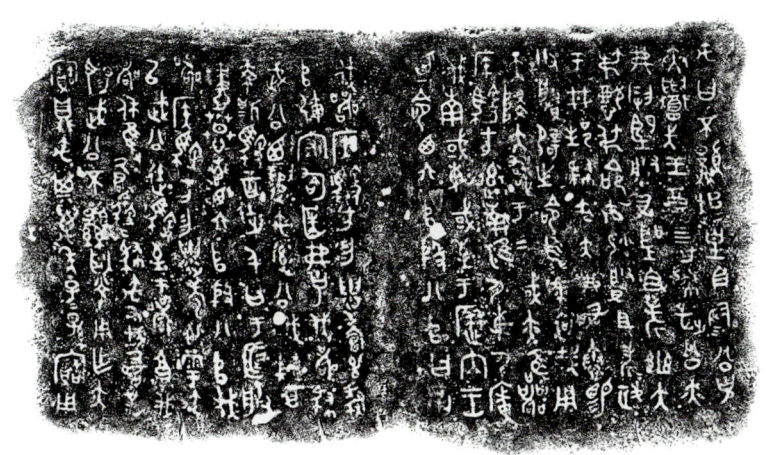

图一　禹鼎铭文拓本

肆禹亦弗敢惷易歧朕辟之命。"呜呼哀哉！用天降大丧于下国，亦唯噩侯驭方率南淮夷、东夷广伐南国、东国，至于历寒。王廼命西六师、殷八师，曰："扑伐噩侯驭方，勿遗寿幼。"肆师弥怵匐匡，弗克伐噩。肆武公廼遣禹率公戎车百乘，斯驭二百，徒千，曰："于匰朕肃慕，惠西六师、殷八师伐噩侯驭方，勿遗寿幼。"雩禹以武公徒驭至于噩，敦伐噩，休，获厥君驭方。肆禹有成，敢对扬武公丕显耿光，用作大宝鼎，禹其万年子子孙孙宝用。

根据铭文的描述可知（图一），西周厉王即位之初，噩侯的国君驭方趁周王室之乱而起，联合南淮夷和东夷，大举侵扰周王朝的南方和东方诸侯，于是厉王命西六师和殷八师平扰抗敌。厉王下令说："打击首恶噩侯驭方，但不要杀害无辜的老人和幼童。"西六师和殷八师长久地围困噩国，却始终未能攻克。后来武公派遣禹作为援军,增援西六师和殷八师,终于擒获了敌首噩侯驭方。噩侯之骁勇善战,于铭文可见一斑,其之所以如此,或许正与噩国之民善争之俗有关。

噩民不独善争,这当然与其氏族之性格有关,而传统礼仪的教化,事实上也使噩君深晓以让为礼的道理。此次噩侯造反的结果以其失败被俘而告终,而另一件由噩侯驭方亲手制作的彝器,其铭文则续写了驭方被擒之后的经历。噩侯驭方鼎铭云:

> 王南征,伐角僪,唯还自征在坯。噩侯驭方纳壶于王,乃祼之。驭方侑王,王休宴,乃射,驭方合王射。驭方休栏,王扬,咸饮。王亲赐驭方玉五珏,马三匹,矢五束。驭方拜手稽首,敢对扬天子丕显休僖,用作尊鼎,其万年子孙永宝用。

铭文的记述清楚地显示(图二),厉王为平息由噩侯驭方所煽动的叛乱亲往南征,当凯旋归来而至坯的时候,先前被俘的噩侯驭方作为首恶,也被戒送到此,朝享于王。厉王本应严厉地训诫驭方,但相关内容在噩侯驭方亲手制作的鼎铭中却被刻意隐没了,只是通过驭方向厉王献酒这一细节,暗示了噩侯驭方罚酒服罪的事实。朝享之间,厉王先行燕礼,后行射礼,以一整套礼仪考核噩侯驭方。《礼记·射义》:"古者诸侯之射也,必先行燕礼;卿大夫士之射也,必先行乡饮酒之礼。故燕礼者,所以明君臣之义也;乡饮酒之礼者,所以明长幼之序也。"所以鼎铭所谓"王休宴"的"宴"就是燕礼。天子与诸侯燕,目的显然在于明君臣之义。

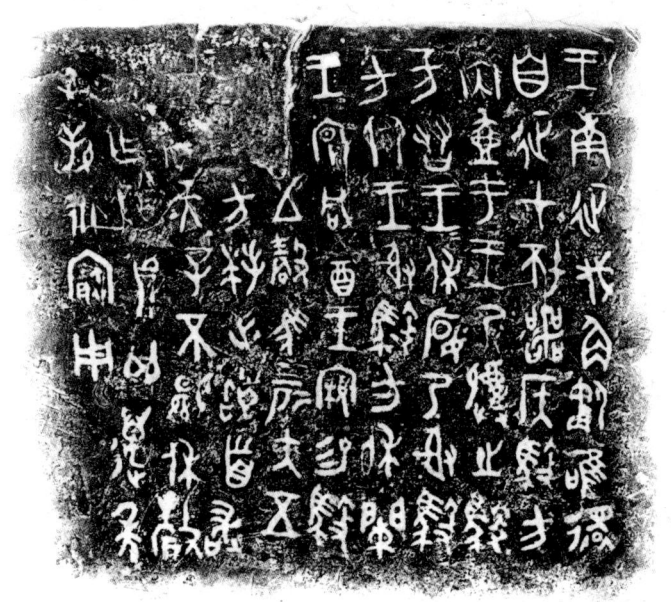

图二　噩侯驭方鼎铭文拓本

厉王于时首行宾祼之礼，即于燕礼献酒之始而行酌奠，此即铭文所谓的"乃祼之"。《周礼·考工记·玉人》郑玄注："祼，谓始献酌奠也。"宾祼的目的当然是以神明之道待宾客，表达敬宾尊宾之意。所以在宾祼之后的燕饮中，驭方侑王，为王劝酒，已见君臣和睦之情。《礼记·燕义》："和宁，礼之用也。此君臣上下之大义也。故曰：燕礼者，所以明君臣之义也。"显然，通过燕礼，君臣双方似乎已经尽释前嫌。

燕礼之后，射礼开始。噩侯驭方与厉王二人合射。噩侯首先执弓而射，一箭正中射侯的边框，即鼎铭所谓之"休栏"。噩侯这一做法的目的非常清楚，他将整个箭靶都留给了厉王，厉王闭目而射都可能中靶，天子在这场竞射中似乎已是稳操胜券了。这当然体现了噩侯对厉王礼让的善举，他将胜利拱手让给了厉王。然而厉王作为天下共主，岂能安享他人之所让。轮到厉王登场了，他将箭高扬于箭靶射出，铭文谓之"王扬"，也就是说，厉王射出的箭连箭靶的边也没挨着，脱靶而飞[4]。这显然又体现了厉王对噩侯的礼让。射礼结束，二人没有赢家，所以共饮罚酒而尽欢。

古今射事皆以争胜为目的，然而在传统的礼射制度中，又处处体现着礼让的思想。《周礼·地官·保氏》郑司农注"五射"云："白矢、参连、剡注、襄尺、井仪也。"陆德明《经典释文》以为"襄音让，本作让"，所以"襄尺"就是让尺。贾公彦《周礼疏》："云白矢者，矢在侯而贯侯过见其镞白。云参连者，前放一矢，后三矢连续而去也。云剡注者，谓羽头高镞低而去剡剡然。云襄尺者，臣与君射，不与君并立，襄君一尺而退。云井仪者，四矢贯侯如井之容仪也。"此噩侯与厉王合射，噩侯是否让尺，铭文不具，故不得而知。但即使噩侯不于射位让尺，则据鼎铭所记之"休栏"，也知噩侯驭方于射时有让尺之举。而噩侯让尺，天子更不能承领其所让，放心地一箭命中靶心了事，故脱靶以让噩侯。其君尊臣服，和谐而安。

如果说射礼之让尺可以借不求中质而体现的话，那么这一做法则与礼射不主皮的古制息息相关。事实上，礼射并非武射，除考核参与者的射技之外，更重要的则在于以射观德，故不主皮，也就是说不以射中正鹄为目的，或非得将箭靶射穿以见白矢不可，其所重者唯揖让之礼而已。《仪礼·乡射记》："礼射不主皮。"郑玄注："礼射，谓以礼乐射也，大射、宾射、燕射是矣。不主皮者，贵其容体比于礼，其节比于乐，不待中为隽也。"即以揖让有德而取,此贵礼而贱力也。《仪礼·乡射礼》:"不贯不释。"郑玄注:"贯,犹中也。不中正,不释算也。"贾公彦《周礼义疏》:"不贯者,以其以布为侯,故中者贯穿布侯,故以中为贯也。"是射侯中质,即谓之主皮。《论语·八佾》引孔子曰:"射不主皮,为力不同科,古之道也。"朱熹《论语集注》:"古者射以观德,但主于中而不主于贯革,盖以人之力有强弱不同等也。"未得的解。程树德《论语集解》引凌廷堪曰:"主皮与贯革不同。主者,着也。主皮者,着于皮也。郑康成所云'善射',扶风马氏所云'能中质'是也。夫射期中质,岂有习射而反以不中为能事者?射名不同,有专主皮者,有不专主皮者。主皮者,力射也。矢至于皮非力不能,《孟子》曰:'其至尔力也。'不主皮者,礼射也。其容体比于礼,其节比于乐,虽发必祈中而不止于祈中者,以为礼也。"所论甚是。知礼射但以容体仪节比于礼乐,这是唯一的考核标准。故竞射择士,但观其揖让容止,而不求其中质与否。是知射虽争胜之道,但争中有让,以让为争,此君子之争也。在这样的礼仪背景下分析噩侯驭方合王之射,宾主皆让而不求中鹄,甚至脱靶,这实际正是上古礼射之射不主皮观念的具体表现。

射礼是天子用以教化诸侯,无须动用干戈而使诸侯自行匡正的工具。《礼记·射义》:"射者,仁之道也。射求正诸己,己正而后发,发而不中则不怨胜己者,反求诸己而已矣。"噩侯驭方鼎铭文记载了周厉王以射礼和睦诸侯的真实场景,周天子让噩侯先射,而噩侯则借射礼以表其臣服天子之心,让尺且不主皮,各见其志。显然,德行立则无暴乱之祸,故射礼为天子所重。

射礼仪节中的让,使其争胜的追求暗然失色。《论语·八佾》

引孔子曰:"君子无所争。必也射乎!揖让而升,下而饮,其争也君子。"在孔子看来,作为君子,本来已经没有什么可与相争的事情了,如果有所争,那就只有射礼。然而射礼的仪节以相互揖让然后登堂,行射之后又下堂作揖而饮酒,无不体现着礼让恭敬,这当然是君子所应具有的风度。

射礼的作用还在于培养道德,人们于各种仪节中遵循规矩,行仪有节,才可能射中正鹄。《礼记·射义》:"故射者进退周还必中礼。内志正,外体直,然后持弓矢审固,持弓矢审固,然后可以言中。此可以观德行矣。"古代射礼于竞射之时,参与者需各按其乐节行射,天子以《驺虞》为节,诸侯以《貍首》为节,卿大夫以《采蘋》为节,士以《采蘩》为节,各节之乐又都有其相应的寓意。《驺虞》颂扬天子百官齐备,《貍首》称赞诸侯按时朝会天子。《采蘋》赞誉大夫遵循法度,《采蘩》称许士人尽忠守职。各阶层的人们都明晓自己所用节奏的志趣,尽力尽职,则功业可成,德行可立,弭乱禁暴,家国安定。所以世之有尽礼备乐且反复实行之事,又能树立德行,唯射礼一事而已。故厉王以射礼考核诸侯,又以揖让为先,其德行所见者明矣。

三、结语

中国传统文化将争与让赋予了强烈的道德意义,其事关人格的培养,也事关社会关系的和谐。君子不争,小人不让,古来如此。人们通过对揖让的修养而成就君子,虽"道涂不争险易之利,冬夏不争阴阳之和"(《礼记·儒行》),但唯是非是论,唯仁德是争。所以不争并不意味着我们可以对原则问题漠然处之,一味退让，甘做唯唯诺诺的好好先生。《论语·阳货》引孔子曰："乡原，德之贼也。"显然，没有真正的是非标准，只为求得大家满意的人，实为败坏道德的小人。《孟子·尽心下》对这种阉然媚于世的乡愿也有透彻的议论。于世俗同流合污而不争，于霸权俯首乞怜而不辩，此无异于贼害道德，助纣为虐。因此，在是非面前要当仁不让，争为耿介君子，于人于事于国于人类社会，无不如此。

2021年6月12日写于尚朴堂

注解

[1] 冯时：《文明以止——上古的天文、思想与制度》，中国社会科学出版社，2018年。
[2] 沙敏：《档案里的北京中轴线——中轴古建趣闻多》，《北京文化创意》2019年第2期。
[3] 王军：《北京中轴线朝向考》，《建筑史学刊》2020年第1卷第1期。
[4] 刘雨：《西周金文中的射礼》，《考古》1986年第12期。

附录：噩国青铜容器图说

宁父方鼎 / 西周早期
2007年安居羊子山4号墓出土

噩叔簋 / 西周早期
上海博物馆藏

▓ 鼎（dǐng）

古代饪食器，用于烹饪或盛放肉类。形状大多是圆腹，两耳，三足；也有四足的方鼎。鼎是商周时期最为重要的青铜器之一，象征着拥有者的身份和地位，往往成单数出现与簋相配，如九鼎八簋。青铜鼎出现于夏代晚期，流行时间较长。

▓ 簋（guǐ）

古代盛食器，用于盛放黍、稷、稻、粱等谷物饭食。形状一般为圆腹，圈足，有时会有两耳或四耳；后期也见圈足下加方座或附有三足的簋。簋往往成双数出现与鼎相配，如九鼎八簋。青铜簋流行于商代至春秋时期。

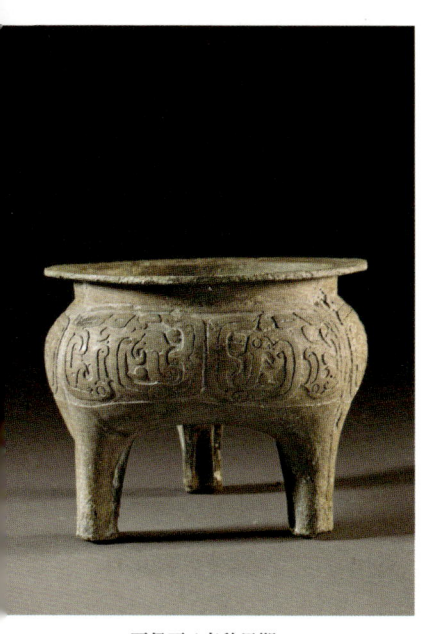

噩侯鬲 / 春秋早期
2012-2014 年南阳夏饷铺 1 号墓出土

冉甗 / 西周早期
2007 年安居羊子山 4 号墓出土

▨ 鬲（lì）

古代饪食器，功能用途与鼎相似。其形状多圆腹，有时会有两耳，并设有足。青铜鬲流行于商代至战国时期。

▨ 甗（yǎn）

古代蒸食器，用于蒸煮食物。甗的下半部分是盛水的鬲；上半部分是放食物的甑（zèng）；中间隔一层有孔的箅（bì，一种有空隙而能起间隔作用的器具）可以让蒸汽通过。青铜甗流行于商代至战国时期。

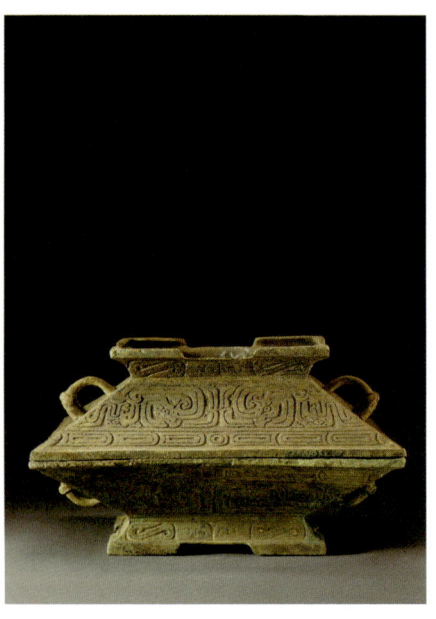

噩姜簠 / 西周晚期
2012-2014 年南阳夏饷铺 5 号墓出土

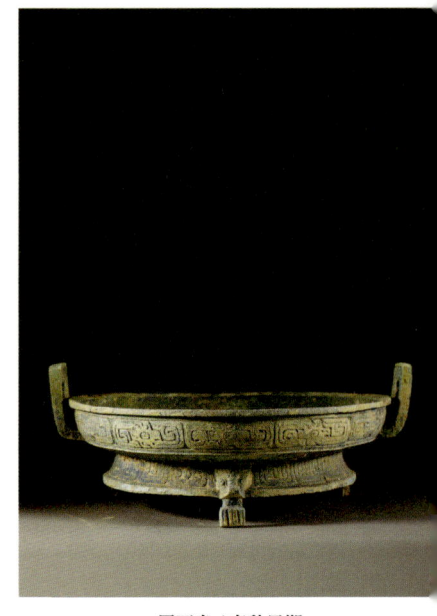

犀石盘 / 春秋早期
2012-2014 年南阳夏饷铺 16 号墓出土

簠（fǔ）

古代盛食器，用于盛放黍、稷、稻、粱等谷物饭食。簠的盖与器的形状、大小相同，外观为长方形。两者合上后可成为一器，打开则成为相同的两个器皿。青铜簠流行于西周至战国时期。

盘

古代水器，往往与匜相配用于盥洗，以匜在上方浇水，以盘在下方承接。形状多为圆形、浅腹，有圈足或三足，有时会有两耳；后期也见长方形的盘。青铜盘流行于商代至战国时期。

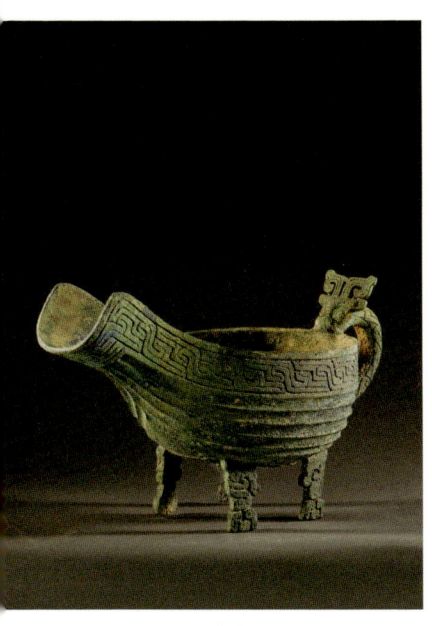

犀石匜 / 春秋早期
2012-2014 年南阳夏饷铺 16 号墓出土

戈父丙斝 / 西周早期
2007 年安居羊子山 4 号墓出土

匜（yí）

古代水器，往往与盘相配用于盥洗，以匜在上方浇水，以盘在下方承接。形状椭长，前有流，后有鋬，多有四足，有的带盖。青铜匜流行于西周晚期至战国时期。

斝（jiǎ）

古代裸（guàn）酒器，用于行灌礼。其形状与爵类似，但较大，且圆口平底，无流及尾；也有罕见的方斝。青铜斝始见于夏代晚期，流行于商代至西周早期。

177

戈父辛爵 / 西周早期
1980 年安居羊子山 1 号墓出土

子觯 / 西周早期
2007 年安居羊子山 4 号墓出土

▓ 爵（jué）

古代斟酒器。形状为扁圆或圆形，前有长槽形的流，后有尖叶形的尾，杯体一侧有鋬（pàn，即器物侧边供手提拿的部分），下有三足，一般在流与杯口相交处有两柱；也有罕见的方爵。爵是目前所知出现最早的青铜容器之一。青铜爵始见于夏代晚期，盛行于商代。

▓ 觯（zhì）

古代饮酒器。形状为圆腹，侈口圈足，大多有盖。青铜觯流行于商代晚期至春秋晚期。

矍侯卣 / 西周早期
2007 年安居羊子山 4 号墓出土

三角折线纹盉 / 西周早期
2007 年安居羊子山 4 号墓出土

卣（yǒu）

古代盛酒器，用于盛放鬯（chàng）酒。鬯酒在祭祀时使用，用郁金草和黑黍酿造，色黄而芬芳，是一种比较珍贵的酒。形状为椭圆口，深腹，圈足，带有盖和提梁；腹部有椭圆形、圆筒形、方形等多种，另有整体成鸟兽形的卣。青铜卣流行于商代晚期至西周早期。

盉（hé）

古代盛酒器，用于调和水、酒的浓淡。盉有一管状流，置鋬或提梁，且一般与盖有链条相连；但其形状较为多变，腹部有椭圆形、圆筒形、方形等，足部也见三足、四足等。青铜盉流行于夏代晚期至战国时期。

兽面纹尊 / 西周早期
2007 年安居羊子山 4 号墓出土

䰠侯壶 / 春秋早期
2012-2014 年南阳夏饷铺 19 号墓出土

尊

古代盛酒器。形状为圆形，敞口，有肩，高圈足；也有罕见的方尊。另有一类模拟鸟兽形状的酒器，也统称为尊。青铜尊流行于商代早期至战国时期。

壶

古代盛酒器。形状一般为圆形或扁圆形，也有方形或椭方形，有盖。前期多贯耳；后期则多见两肩设两环，或在颈部置一对兽首衔环耳，环可套接提梁或绳索。青铜壶流行于商代中期至汉代。

噩侯罍 / 西周早期
2012-2014 年南阳夏饷铺 14 号墓出土

变形兽纹方彝 / 西周晚期
2012-2014 年南阳夏饷铺 6 号墓出土

▤ 罍（léi）

古代盛酒器。器型有方体和圆体两类。形状一般为小口，短颈，圆肩，深斜腹，底部为圈足或平底，有盖。肩的两侧有錾，两錾间的腹部下部往往另有一个鼻钮，可作倾倒酒液时提力之用。青铜罍流行于商代晚期至西周中期。

▤ 方彝（yí）

古代盛酒器。形状一般为长方体，纵短横长，腹部有直有曲，上有屋顶式盖，盖上有相同式样的钮，下有长方形圈足。器身、器盖的四边，乃至正中，多装饰有扉棱。有些方彝器腹中间有一道纵隔，左右两边可以盛放两种不同的酒；有些还附有舀酒的勺形斗。青铜彝流行于商代晚期至西周中期。

图书在版编目（CIP）数据

噩国六谈：一个神秘古国的文化面孔 / 上海博物馆编.
-- 上海：上海书画出版社, 2021.10
（博物志）
ISBN 978-7-5479-2734-2

Ⅰ. ①噩… Ⅱ. ①上… Ⅲ. ①中国历史—研究—西周时代 Ⅳ. ① K224.07

中国版本图书馆 CIP 数据核字 (2021) 第 194759 号

噩国六谈
一个神秘古国的文化面孔

上海博物馆　编

责任编辑	王　剑　邱宁斌
编　辑	黄醒佳
特约编辑	诸　诣　崔淑妍
审　读	田松青
装帧设计	陈绿竞
技术编辑	包赛明

出版发行	上海世纪出版集团 ㊉ 上海书画出版社
地址	上海市闵行区号景路159弄A座4楼　201101
网址	www.ewen.co www.shshuhua.com
E-mail	shcpph@163.com
制版	上海久段文化发展有限公司
印刷	上海展强印刷有限公司
经销	各地新华书店
开本	889×1194　1/32
印张	5.75
版次	2021年10月第1版　2022年11月第2次印刷
书号	ISBN 978-7-5479-2734-2
定价	58.00元

若有印刷、装订质量问题，请与承印厂联系　电话：021-66366565